博雅国际汉语精品教材
北大版长期进修汉语教材

博雅汉语听说·准中级加速篇 Ⅰ

Boya Chinese
Listening and Speaking (Quasi-Intermediate) Ⅰ

李晓琪 主编
林 欢 编著

图书在版编目（CIP）数据

博雅汉语听说. 准中级加速篇Ⅰ/林欢编著. —北京：北京大学出版社，2019.9
北大版长期进修汉语教材
ISBN 978-7-301-30613-0

Ⅰ.①博… Ⅱ.①林… Ⅲ.①汉语—听说教学—对外汉语教学—教材 Ⅳ.①H195.4

中国版本图书馆CIP数据核字（2019）第162552号

书　　　名	博雅汉语听说·准中级加速篇Ⅰ BOYA HANYU TINGSHUO·ZHUN ZHONGJI JIASU PIAN Ⅰ
著作责任者	林　欢　编著
责任编辑	邓晓霞
标准书号	ISBN 978-7-301-30613-0
出版发行	北京大学出版社
地　　　址	北京市海淀区成府路205号　100871
网　　　址	http://www.pup.cn　　新浪微博：@北京大学出版社
电子邮箱	zpup@pup.cn
电　　　话	邮购部 010-62752015　发行部 010-62750672　编辑部 010-62753334
印　刷　者	三河市博文印刷有限公司
经　销　者	新华书店
	889毫米×1194毫米　大16开本　10.25印张　263千字 2019年9月第1版　2024年6月第2次印刷
定　　　价	68.00元（含课本、听力文本及参考答案）

未经许可，不得以任何方式复制或抄袭本书之部分或全部内容。
版权所有，侵权必究
举报电话：010-62752024　电子邮箱：fd@pup.cn
图书如有印装质量问题，请与出版部联系，电话：010-62756370

前言

"听、说、读、写"是第二语言学习者必备的四项语言技能，全面掌握了这四项技能，就能够实现语言学习的最终目标——运用语言自由地进行交际。为实现这一目的，自20世纪中后期起，从事汉语教学工作的教材编写者们在综合教材之外，分别编写了听力教材、口语教材、阅读教材和写作教材，这对提高学习者的"听、说、读、写"四项语言技能起到了至关重要的作用。不过，由于各教材之间缺乏总体设计，各位编者各自为政，产生的结果就是教材主题比较零散，词汇和语言点数量偏多，重现率偏低。这直接影响到教学效果，也不符合第二语言学习规律和现代外语教学原则。21世纪以来，听说教材和读写教材开始出现，且以中级听说教材和中级读写教材为主，这是教材编写的新现象。

本套系列教材突破已有教材编写的局限，根据语言教学和语言习得的基本原则，将听力教学和口语教学相结合，编写听说教材9册，将阅读教学和写作教学相结合，编写读写教材6册，定名为《博雅汉语听说》《博雅汉语读写》系列教材。这是汉语教材编写的一次有益尝试。为保证教材的科学性和有效性，在编写之前，编者们多次研讨，为每册教材定性（教材的语言技能性质）、定位（教材的语言水平级别）和定量（教材的话题、词汇和语言点数量），确保了教材设计的整体性和科学性。这符合现代外语教材编写思路和原则，也是本套教材编写必要性的集中体现。相信本套教材的出版，可为不同层次的学习者（从初级到高级）学习和掌握汉语的听说、读写技能提供切实的帮助，可为不同院校的听说课程和读写课程提供突出语言功能的成系列的好用教材。

还要说明的是，早在2004年，北京大学对外汉语教育学院的一些教师已经陆续编写和出版了《博雅汉语》综合系列教材，共9册。该套教材十余年来受到使用者的普遍欢迎，并获得北京大学2016年优秀教材奖。2014年，该套教材根据使用者的需求进行了修订。本次编写的《博雅汉语听说》《博雅汉语读写》系列教材与《博雅汉语》综合系列教材成龙配套，形成互补（听说9册与综合9册对应，读写分为初、中、高三个级别，也与综合教材对应）和多维度的立体结构。无论是从教材本身的体系来看，还是从出版的角度来说，同类系列汉语教材这样设计的还不多见，《博雅汉语》和《博雅汉语听说》《博雅汉语读写》系列教材的出版开创了汉语教材的新局面。

本套教材（听说系列、读写系列）的独特之处有以下几点：

1. 编写思路新，与国际先进教学理念接轨

随着中国国际地位的提高，世界各国、各地区学习汉语的人越来越多，汉语教学方兴未艾，编写合适的汉语系列教材是时代的呼唤。目前世界各地编写的汉语教材数量众多，但是很多教材缺乏理论指导，缺乏内在的有机联系，没有成龙配套，这不利于汉语教学的有效开展。国内外汉语教学界急需有第二语言教学最新理论指导的、有内在有机联系的、配套成龙的系列教材。本套系列教材正是在此需求下应运而生，它的独到之处主要体现在编写理念上。

第二语言的学习，在不同的学习阶段有不同的学习目标和特点，因此《博雅汉语听说》《博雅汉语读写》系列教材的编写既遵循了汉语教材的一般性编写原则，也充分考虑到各阶段的特点，较好地体现了各自的特色和目标。两套教材侧重不同，分别突出听说教材的特色和读写教材的特色。前者注重听说能力的训练，在过去已有教材的基础上有新的突破；后者注重读写能力的训练，特别重视模仿能力的培养。茅盾先生说："模仿是创造的第一步。"行为主义心理学也提出"模仿"是人类学习不可逾越的阶段。这一思想始终贯穿于整套教材之中。说和写，都从模仿开始，模仿听的内容，模仿读的片段，通过模仿形成习惯，以达到掌握和创新。如读写教材，以阅读文本为基础，阅读后即引导学习者概括本段阅读的相关要素（话题、词语与句式），在此基础上再进行拓展性学习，引入与文本话题相关的词语和句式表达，使得阅读与写作有机地贯通起来，有目的、有计划、有步骤、有梯度地帮助学生进行阅读与写作的学习和训练。这一做法在目前的教材中还不多见。

2. 教材内容突出人类共通文化

语言是文化的载体，也是文化密不可分的一部分，语言受到文化的影响而直接反映文化。为在教材中全面体现中华文化的精髓，又突出人类的共通文化，本套教材在教学文本的选择上花了大力气。其中首先是话题的确定，从初级到高级采取不同方法。初级以围绕人类共通的日常生活话题（问候、介绍、饮食、旅行、购物、运动、娱乐等）为主，作者或自编，或改编，形成初级阶段的听或读的文本内容。中级阶段，编写者以独特的视角，从人们日常生活中的喜怒哀乐出发，逐渐将话题拓展到对人际、人生、大自然、环境、社会、习俗、文化等方面的深入思考，其中涉及中国古今的不同，还讨论到东西文化的差异，视野开阔，见解深刻，使学习者在快乐的语言学习过程中，受到中国文化潜移默化的熏陶。高级阶段，以内容深刻、语言优美的原文为范文，重在体现人文精神、突出人类共通文化，让学习者凭借本阶段的学习，能够恰当地运用其中的词语和结构，能够自由地与交谈者交流自己的看法，能够自如地写下自己的观点和意见……最终能在汉语的天空中自由地飞翔。

3. 充分尊重语言学习规律

本套教材从功能角度都独立成册、成系列，在教学上完全可以独立使用；但同时又与综合教材配套呈现，主要体现在三个方面：

（1）与《博雅汉语》综合系列教材同步，每课的话题与综合系列教材基本吻合；

（2）词汇重合率在25%以上，初级阶段重合率在45%以上；

（3）语言知识点在重现的基础上有限拓展。

这样，初级阶段做到基本覆盖并重现综合教材的词语和语言点，中高级阶段，逐步加大难度，重点学习和训练表达任务与语言结构的联系和运用，与《博雅汉语》综合系列教材的内容形成互补循环。

配套呈现的作用是帮助学习者在不同的汉语水平阶段，各门课程所学习的语言知识（词语、句式）可以互补，同一话题的词语与句式在不同语境（"听、说、读、写"）中可以重现，可以融会贯通，这对学习者认识语言，同步提高语言"听说读写"四项技能有直接的帮助。

4. 练习设置的多样性和趣味性

  练习设计是教材编写中的重要一环，也是本套教材不同于其他教材的特点之一。练习的设置除了遵循从机械性练习向交际练习过渡的基本原则外，还设置了较多的任务型练习，充分展示"做中学""练中学"的教学理念，使学习者在已有知识的基础上得到更深更广的收获。

  还要特别强调的是，每课的教学内容也多以听说练习形式和阅读训练形式呈现，尽量减少教师的讲解，使得学习者在课堂上获得充分的新知识的输入与内化后的语言输出，以帮助学习者尽快掌握汉语"听、说、读、写"技能。这也是本套教材的另一个明显特点。

  此外，教材中还设置了综合练习和多种形式的拓展训练，这些练习有些超出了本课听力或阅读所学内容，为的是让学习者在已有汉语水平的基础上自由发挥，有更大的提高。

  综上，本套系列教材的总体设计起点高，视野广，既有全局观念，也关注每册的细节安排，并且注意学习和借鉴世界优秀第二语言学习教材的经验；参与本套系列教材的编写者均是具有丰富教学经验的优秀教师，多数已经在北京大学从事面向留学生的汉语教学工作超过20年，且有丰硕的科研成果。相信本套系列教材的出版将为正在世界范围内开展的汉语教学提供更大的方便，进一步推动该领域的学科建设向纵深发展，为汉语教材的百花园增添一束具有鲜明特色的花朵。

  衷心感谢北京大学出版社的领导和汉语室的各位编辑，是他们的鼓励和支持，促进了本套教材顺利立项（2016年北京大学教材立项）和编写实施；是他们的辛勤耕作，保证了本套教材的设计时尚、大气、色彩及排版与时俱进，别具风格。

李晓琪

于北京大学蓝旗营

使用说明

《博雅汉语听说·准中级加速篇Ⅰ》与《博雅汉语》综合系列教材的准中级部分——《博雅汉语·准中级加速篇Ⅰ》配套，亦可独立使用。

本书共有12课，每课的话题基本与《博雅汉语·准中级加速篇Ⅰ》前12课的话题吻合，涵盖家庭、学习、工作、人际交往、运动、历史、城市等各个方面，话题范围广，且易于讨论和拓展。本书每课的生词约为30个，全书共计378个，与《博雅汉语·准中级加速篇Ⅰ》重合的占25%左右。每课的常用词语和表达为15个左右，全书共计178个，重合率为25%左右。

本书的教学内容多以听说练习的形式呈现，听力训练和口语训练相结合，每一课的"听"和"说"这两部分紧密围绕一个话题，先听后说，边听边说，说从模仿听的内容开始，到最后给出任务，运用本课学到的词语和结构就相关话题进行自由表达。另外，听和说都是从词语到句子再到段落，一步一步铺垫，重点词语和常用表达在这样的进阶中得到复现和强化。

本书的每一课由词语、词语理解、听说句子、听说短文、综合练习五部分构成。

词语部分为学习者提供了拼音、词性和英文翻译，其中与《博雅汉语·准中级加速篇Ⅰ》相重合的词语用*标出。

词语理解和听说句子部分为听说短文作铺垫，旨在扫清词语障碍，使学习者能在句子层面理解并输出重要的词语和语言点。

听说短文部分每课有三篇短文。每篇短文先有听力方面的理解性练习，然后有在听的基础上的说的练习。说的练习一般分两步，一是用所给的词语根据听到的内容回答细节性的问题，一是对听到的内容作一个整体性的复述。在说的练习之后，教材提供了成段表达的文本，供学习者与自己的复述做对比。每一篇短文的听说练习之后，还设有常用词语和表达，通过例句帮助学习者进一步体会和巩固用常用的语言结构进行相应的表达。

综合练习部分一般先是对前面听过的短文做一个总结，引导学习者对听过的内容进行综合性的表达；然后是拓展练习，让学习者在学习本课的基础上，突破本课的内容，就本课的话题进行自由表达。

在本书的编写过程中，主编李晓琪教授多次就教材的编写原则及许多细节问题，和编者进行充分的沟通和讨论，北京大学出版社的编辑为本书的出版付出了大量的心血，在此我们表示衷心的感谢。

林　欢

目 录

第 1 课　丽丽是独生女 …………………………………………………… 1

　　词语 ………………………………………………………………… 1

　　词语理解 …………………………………………………………… 3

　　听说句子 …………………………………………………………… 4

　　听说短文 …………………………………………………………… 5

　　综合练习 …………………………………………………………… 10

第 2 课　王红的一天 ……………………………………………………… 12

　　词语 ………………………………………………………………… 12

　　词语理解 …………………………………………………………… 13

　　听说句子 …………………………………………………………… 14

　　听说短文 …………………………………………………………… 15

　　综合练习 …………………………………………………………… 20

第 3 课　我对学中文越来越有兴趣 ……………………………………… 22

　　词语 ………………………………………………………………… 22

　　词语理解 …………………………………………………………… 23

　　听说句子 …………………………………………………………… 24

　　听说短文 …………………………………………………………… 25

　　综合练习 …………………………………………………………… 30

第 4 课　**在中国学汉语** ··· 32

  词语 ·· 32

  词语理解 ·· 33

  听说句子 ·· 34

  听说短文 ·· 35

  综合练习 ·· 40

第 5 课　**我的音乐老师** ··· 42

  词语 ·· 42

  词语理解 ·· 43

  听说句子 ·· 44

  听说短文 ·· 45

  综合练习 ·· 49

第 6 课　**大岛参加了学校的合唱团** ··· 51

  词语 ·· 51

  词语理解 ·· 52

  听说句子 ·· 53

  听说短文 ·· 53

  综合练习 ·· 57

第 7 课　**小张热爱登山** ··· 59

  词语 ·· 59

  词语理解 ·· 60

  听说句子 ·· 61

  听说短文 ·· 61

  综合练习 ·· 66

第 8 课　孙子和《孙子兵法》 ············· 68

- 词语 ············· 68
- 词语理解 ············· 70
- 听说句子 ············· 70
- 听说短文 ············· 71
- 综合练习 ············· 75

第 9 课　北方菜和南方菜 ············· 77

- 词语 ············· 77
- 词语理解 ············· 78
- 听说句子 ············· 79
- 听说短文 ············· 80
- 综合练习 ············· 85

第 10 课　中国人喜欢聚餐 ············· 87

- 词语 ············· 87
- 词语理解 ············· 88
- 听说句子 ············· 89
- 听说短文 ············· 89
- 综合练习 ············· 94

第 11 课　原来他们是关心我 ············· 96

- 词语 ············· 96
- 词语理解 ············· 97
- 听说句子 ············· 98
- 听说短文 ············· 98
- 综合练习 ············· 103

第 12 课　散　步	105
词语	105
词语理解	106
听说句子	107
听说短文	107
综合练习	112
词语总表	**114**
专有名词表	**120**

第1课 丽丽是独生女

听力录音

词语

1-1

1	独生女	dúshēngnǚ	名	only daughter
2	出生*	chūshēng	动	to be born
3	照顾	zhàogù	动	to look after
4	离开	lí kāi		to leave
5	广告	guǎnggào	名	advertisement
6	满意	mǎnyì	动	to be satisfied
7	努力	nǔlì	形	to work hard; hardworking
8	压力	yālì	名	pressure; stress
9	开夜车	kāi yèchē		to work in the night
10	受欢迎	shòu huānyíng		popular; to be well received
11	帮助	bāngzhù	动	to help
12	放假	fàng jià		to have vacation; to have a day off
13	越来越	yuèláiyuè		more and more
14	拍	pāi	动	to take (a picture); to shoot
15	照片	zhàopiàn	名	photograph
16	适应*	shìyìng	动	to be adapted to

1

17	要求*	yāoqiú	名/动	requirement; to request
18	卫生	wèishēng	形	clean
19	担心*	dān xīn		to worry; to feel anxious
20	父母	fùmǔ	名	parents
21	空儿*	kòngr	名	free time
22	设计*	shèjì	动	to design
23	毕业*	bì yè		to graduate
24	公司*	gōngsī	名	company
25	老板*	lǎobǎn	名	boss
26	生活	shēnghuó	动/名	to live; life
27	客户	kèhù	名	client
28	烧茄子	shāoqiézi	名	eggplant cooked in soy sauce
29	糖醋鱼	tángcùyú	名	sweet and sour fish

专有名词

| 1 | 春节 | Chūn Jié | Spring Festival; Chinese New Year |
| 2 | 广州美术学院 | Guǎngzhōu Měishù Xuéyuàn | Guangzhou Academy of Fine Arts |

第1课　丽丽是独生女

词语理解

 一　听词语。听第一遍，从图片中选择你听到的词语，并标上序号；听第二遍，跟读
1-2

◎ 关于家庭生活的词语

A 　B 　C

D 　E

1. ____　2. ____　3. ____　4. ____　5. ____

◎ 关于工作的词语

A 　B 　C

D 　E 　F

1. ____　2. ____　3. ____　4. ____　5. ____　6. ____

3

◎ 关于爱好的词语

A    B    C

1. ____   2. ____   3. ____

听说句子

  一 听句子，判断对错

1-3

1. 丽丽没有哥哥姐姐。（　）
2. 王红是在广州生的。（　）
3. 妹妹要去看爸爸妈妈。（　）
4. 弟弟一个人生活还有问题。（　）
5. 阿里的爸爸妈妈不放心。（　）
6. 大家工作不太忙。（　）
7. 他们不知道怎么工作。（　）
8. 我们的工作不太容易。（　）
9. 自己做饭很便宜。（　）

  二 听小对话，选择正确答案

1-4

1. 小王觉得自己的工作怎么样？（　）
   A. 很难   B. 很好

2. 丽丽的父母担心吗？（　）
   A. 担心   B. 不担心了

3. 阿里怎么了？（　）
   A. 觉得开车很累   B. 昨天睡得很晚

第1课　丽丽是独生女

4. 谁喜欢丽丽的设计？（　　）
　　A. 客户　　　　　　B. 老师

5. 小王下个星期做什么？（　　）
　　A. 工作　　　　　　B. 休息

三　听句子，回答问题

1-5

1. 丽丽的爸爸妈妈在不在北京？
2. 弟弟自己洗衣服吗？
3. 小王什么时候打电话？
4. 丽丽为什么有时候很晚才能睡觉？
5. 丽丽设计的广告怎么样？
6. 爸爸有什么爱好？
7. 自己做饭怎么样？
8. 姐姐拍的照片怎么样？

听说短文

短文一　丽丽在北京找到了工作

（一）听第一遍，简单回答问题

1-6

1. 丽丽有没有弟弟妹妹？
2. 丽丽是哪里人？
3. 丽丽要去哪儿？
4. 丽丽多大了？
5. 丽丽家有什么人？

（二）听第二遍，用括号中的词语说出两三个句子，不少于20字

1-6

1. 丽丽毕业以后要去哪里工作？她喜欢不喜欢这份工作？（北京　满意）
2. 丽丽的爸爸妈妈对丽丽说什么了？（一个人　北京　天气　适应）

5

3. 丽丽说什么了？（满意　担心　照顾）

（三）请你介绍一下丽丽

（1）说说她的家庭情况；
（2）丽丽毕业后的打算，她父母的想法和她自己的想法有没有不同。

要求：说6~8个句子，不少于60字。使用下面的词语和常用表达。
词语参考：毕业　离开　满意
常用表达参考：出生在……　……是……　为……担心　如果……就……

（四）读下面的短文，跟你说的进行比较

> 丽丽是独生女。她的爸爸是公司老板，妈妈是小学老师。大学毕业后，丽丽要离开父母，去北京生活。丽丽的爸爸妈妈为她担心。丽丽说自己对新工作很满意。如果有空儿，她就打电话。

◇ 常用词语和表达
【谈论家庭生活】

常用词语和表达	例　句
出生在	丽丽出生在广州。
	丽丽的爸爸妈妈出生在上海。
……是……	丽丽的爸爸是老板，妈妈是老师。
	姐姐是大学生，弟弟是高中生。
什么	一个人去北京，什么事都得自己做。
	做饭、洗衣服，什么活儿都得自己干。
为……担心	爸爸妈妈有点儿为丽丽担心。
	我已经长大了，您不用为我担心。
如果……就……	如果有空，丽丽就给爸爸妈妈打电话。
	如果想家，就跟妈妈聊聊天儿。

第1课　丽丽是独生女

短文二　丽丽工作很努力

1-7
（一）听第一遍，简单回答问题

1. 丽丽在大学学的是什么？
2. 丽丽上班的公司大不大？
3. 丽丽工作忙不忙？
4. 丽丽喜欢不喜欢自己的工作？
5. 丽丽晚上工作不工作？

1-7
（二）听第二遍，用括号中的词语说出两三个句子，不少于20字

1. 丽丽每天工作多长时间？丽丽觉得自己的工作容易不容易？（早上　晚上　开夜车　要求）
2. 丽丽现在做的是什么工作？她工作做得好不好？为什么？（设计　努力　受欢迎　老板　满意）

（三）请你说说丽丽的工作情况

（1）她在哪儿做什么工作；
（2）她的工作态度和工作成绩；
（3）客户和老板对她的看法。

要求：说6~8个句子，不少于60字。使用下面的词语和常用表达。
词语参考：广告公司　上班　下班　满意　设计　努力
常用表达参考：从……到……　为了　很晚才能……　越来越
　　　　　　　受……欢迎　对……满意

（四）读下面的短文，跟你说的进行比较

丽丽在北京一家广告公司工作。她从星期一到星期五每天早上9点上班，下午6点下班。为了设计出好的广告，丽丽有时候很晚才能睡觉。丽丽工作很努力，她的设计越来越受欢迎，老板对她的工作也比较满意。

◇ **常用词语和表达**

【谈论工作】

常用词语和表达	例　句
从……到……	我们公司从1月1日到1月3日放3天假。
	姐姐从星期一到星期五每天都上班。
为了	为了设计广告，大家有时候要开夜车。
	为了做自己喜欢的工作，妹妹一个人来到了北京。
越来越	阿里对自己的工作环境越来越适应。
	她的设计越来越受客户欢迎。
受……欢迎	我们公司的设计很受客户（的）欢迎。
	这个广告不受年轻人（的）欢迎。
对……满意	哥哥对自己的这份工作很满意。
	老板对丽丽的工作表现挺满意。

短文三　　丽丽的爱好很多

1-8

（一）听第一遍，简单回答问题

1. 丽丽喜欢做什么？
2. 丽丽租的房子有厨房吗？
3. 丽丽想不想爸爸妈妈？
4. 丽丽在北京有没有朋友？
5. 春节丽丽回家吗？

1-8

（二）听第二遍，用括号中的词语说出两三个句子，不少于20字

1. 丽丽什么菜做得好吃？（茄子　鱼）
2. 丽丽说自己做饭怎么样？（不仅……而且……　卫生）
3. 丽丽觉得拍照片有什么好处？（对……有帮助）

第1课　丽丽是独生女

（三）分组练习

题目：大家一起谈谈丽丽的爱好

要求：一个人先说4～6个句子，不少于40字；然后小组其他同学补充；最后再由一名同学总结，说6～8个句子，不少于60字。

词语参考：周末　做饭　拍照片

常用表达参考：不仅……而且……　越来越　受……欢迎　对……有帮助

（四）读下面的短文，跟你说的进行比较

> 有空儿的时候，丽丽不仅喜欢做饭，而且喜欢拍照片。她说自己做饭不仅好吃，而且对身体好。她做的菜越来越好吃。周末她常和朋友们一起做饭，她做的烧茄子很受朋友欢迎。她说，拍照片对她的工作有帮助。

◇ 常用词语和表达

【谈论业余生活】

常用词语和表达	例　句
毕//业，见//面，放//假	毕业以后，同学们还经常见面。 春节我们放七天假。
不仅……而且……	自己做饭不仅好吃，而且卫生。 爸爸不仅喜欢做饭，而且喜欢拍照片。
除了……还……/除了……也……	除了做饭，妈妈还喜欢拍照片。 除了你，还有谁要来？ 除了年轻人喜欢游泳，小孩儿也喜欢。
因为……所以……	因为小王是学设计的，所以他拍的照片挺漂亮。 因为阿里交了不少新朋友，所以他的周末生活也越来越有意思。
对……有好处/有帮助（1）	多运动对身体有好处。 多交朋友对适应新生活有帮助。

综合练习

一　请你根据听过的三段短文填表

	家庭成员	职业	对丽丽去北京的态度
丽丽的家庭情况	爸爸		
	妈妈		
	王丽丽		
丽丽的工作情况	工作单位	职位	工作时间　　工作表现
丽丽的爱好	什么爱好	为什么	有意思的事

二　说一说

◎小组活动

根据上面的表格和下面给出的参考词语和常用表达，谈一谈：

（1）丽丽的家庭；

（2）丽丽的学习、工作情况；

（3）丽丽的爱好。

要求：一名同学先说6～8个句子，不少于60字；然后小组其他同学补充；最后由一名同学总结，说8～10个句子，不少于80字。

词语参考：适应　广告公司　努力　拍照片　做饭　离开

常用表达参考：出生在……　毕业　为……担心　开夜车　对……满意

　　　　　　　受……欢迎　有空儿的时候　不仅……而且……

　　　　　　　因为……所以……　对……有帮助

第 1 课　丽丽是独生女

◎ **拓展练习**

请你谈谈自己的基本情况：

（1）自己的家庭；

（2）自己的学习（工作）情况；

（3）自己的兴趣爱好。

要求：

（1）使用这一课学过的词语和常用表达；

（2）说6~8个句子，不少于60字。

第 2 课 王红的一天

听力录音

词语

2-1

1	排球	páiqiú	名	volleyball
2	志愿者	zhìyuànzhě	名	volunteer
3	讲解员	jiǎngjiěyuán	名	docent
4	博物馆	bówùguǎn	名	museum
5	展品	zhǎnpǐn	名	exhibit
6	体育课	tǐyùkè	名	physical education
7	了解	liǎojiě	动	to understand
8	周围	zhōuwéi	名	around; round
9	基本	jīběn	副	basicly
10	不知不觉	bùzhī-bùjué		unknowlingly
11	热烈	rèliè	形	warm
12	游客	yóukè	名	tourist
13	布置	bùzhì	动	to decorate; to arrange
14	尤其*	yóuqí	副	especially
15	交流*	jiāoliú	动	to communicate
16	顿	dùn	量	measure word for meal, etc.
17	庆祝	qìngzhù	动	to celebrate

第 2 课　王红的一天

18	特点*	tèdiǎn	名	characteristic
19	环境*	huánjìng	名	environment
20	熟悉*	shúxī	动	to be familiar with
21	感觉*	gǎnjué	动	to feel
22	收获*	shōuhuò	名	harvest; gain
23	插	chā	动	to insert; to place
24	接着	jiēzhe	动/副	to continue; afterwards
25	科学	kēxué	名	science
26	参观	cānguān	动	to visit; to tour
27	举办	jǔbàn	动	to hold
28	增长	zēngzhǎng	动	to increase; to grow
29	同时*	tóngshí	连	at the same time

词语理解

  听词语。听第一遍，从图片中选择你听到的词语，并标上序号；听第二遍，跟读

◎ 关于课外活动的词语

A 　　B 　　C

1. ____ 2. ____ 3. ____ 4. ____ 5. ____

◎ 关于学习的词语

1. ____ 2. ____ 3. ____

◎ 关于生活的词语

1. ____ 2. ____ 3. ____

听说句子

一 听句子，判断对错

2-3

1. 姐姐的宿舍一共有3个人。　　　　　　　　　　　　　　　（　）
2. 大学的学习让同学们很紧张。　　　　　　　　　　　　　　（　）
3. 博物馆在大学里边。　　　　　　　　　　　　　　　　　　（　）

第 2 课　王红的一天

4. 毛毛习惯了大学生活。　　　　　　　　　　　（　　）
5. 丽丽觉得应该学习数学。　　　　　　　　　　（　　）
6. 大家不知道什么时候下课。　　　　　　　　　（　　）
7. 同学们喜欢讨论。　　　　　　　　　　　　　（　　）
8. 那个公园有很多活动。　　　　　　　　　　　（　　）
9. 王红在博物馆帮忙。　　　　　　　　　　　　（　　）
10. 哥哥去看展览了。　　　　　　　　　　　　　（　　）

二　听小对话，选择正确答案

1. 丽丽明天上午可能在哪儿？（　　）
   A. 家里　　　　　　　B. 博物馆

2. 王红喜欢不喜欢数学课？（　　）
   A. 喜欢　　　　　　　B. 不喜欢

3. 阿里下星期一要做什么？（　　）
   A. 找老师　　　　　　B. 打比赛

4. 教室里人多不多？（　　）
   A. 多　　　　　　　　B. 不多

5. 明天晚上他们做什么？（　　）
   A. 做饭　　　　　　　B. 吃饭

听说短文

短文一　王红喜欢上课

（一）听第一遍，简单回答问题

1. 王红多大？
2. 王红是大学生吗？
3. 王红特别喜欢什么课？

15

4. 王红觉得什么课不容易？
5. 王红体育课做什么了？

2-5
（二）听第二遍，用括号中的词语说出两三个句子，不少于20字

1. 王红觉得大学生活怎么样？（了解　熟悉　适应）
2. 王红上午上什么课了？她的课上得怎么样？（同时　讨论　认真　不知不觉）

（三）请你说说王红的大学生活，重点说说她上课的情况

要求：说6～8个句子，不少于60字。使用下面的词语和常用表达。
词语参考：开始　每次　收获　周围　环境
常用表达参考：对……有了了解　对……熟悉了　尤其
　　　　　　　虽然……可是……

（四）读下面的短文，跟你说的进行比较

> 王红今年19岁，两个月以前开始上大学。现在，她对大学的学习特点有了了解，对周围环境也熟悉了，已经基本适应了大学生活。她喜欢上课，尤其是数学课。她觉得数学虽然很难，可是很有用。每次上课，她都觉得很有收获。

◇常用词语和表达
【谈论学校生活】

常用词语和表达	例　句
对……熟悉 / 对……有了了解	王红对学校的历史不太熟悉。
	我对同学们的情况有了一些了解。
尤其	我喜欢学历史，尤其是世界历史。
	我们班的同学都喜欢上体育课，尤其是小王。
虽然（1）	我很喜欢我的专业，虽然很忙很累，可是我每天都很愉快。
	天气虽然很冷，可是来操场锻炼的学生还是很多。

第 2 课 王红的一天

（续表）

常用词语和表达	例　句
不知不觉	时间过得真快，不知不觉，这个学期已经过了一半。
	大家讨论得很热烈，不知不觉，天已经黑了。
同时	我来中国，主要是学习中文，同时，也希望了解中国文化。
	出去旅游可以了解一个地方的历史，同时，也有可能交到中国朋友。

短文二　　生日午餐

（一）听第一遍，简单回答问题

1. 王红中午在哪儿吃的饭？
2. 王红她们中午吃什么了？
3. 王红的同屋唱歌了吗？
4. 王红感觉怎么样？

（二）听第二遍，用括号中的词语说出两三个句子，不少于20字

1. 和王红一起吃饭的人多不多？她们是谁？（同屋　坐满　朋友）
2. 桌子上摆着什么？（摆　插）

（三）分组练习

题目：王红的生日午餐

要求：一个人先说4~6个句子，不少于40字；然后其他同学补充；最后再由一名同学总结，说6~8个句子，不少于60字。

词语参考：摆　插　生日歌　愉快

常用表达参考：给……开生日会　顿　开开心心

（四）读下面的短文，跟你说的进行比较

> 今天是王红的生日。中午，同屋在宿舍给她开了一个生日会。桌子上摆着蛋糕，蛋糕上插着蜡烛。同学们一起唱了生日歌。王红跟同学们开开心心地吃了一顿饭。

◇ 常用词语和表达
【谈论课外生活】

常用词语和表达	例　句
给……办/介绍	大家给小丽办了一个生日会。
	请给大家介绍一下这道菜的做法。
处所+动词+着+人/物	电影院里只坐着十几名观众。
	房间里摆着一张长沙发。
接着	星期天早上，我收拾了房间，接着，又把脏衣服洗了。
	我们去游泳馆游了一会儿泳，接着又去咖啡馆坐了坐。
安安静静/舒舒服服/急急忙忙/开开心心+（地）+动词词组	周末没有课，可以安安静静地在宿舍看书。
	丽丽过春节的时候可以舒舒服服地吃妈妈做的早饭，不用急急忙忙地赶着去上班。
量词	住在宿舍，一天三顿饭都在食堂吃。
	王红每个月都去看一场电影。

短文三　课外活动

2-7

（一）听第一遍，简单回答问题

1. 王红每星期二下午去哪儿？
2. 下星期有什么活动？王红要做什么？
3. 这个生日王红觉得过得怎么样？

第 2 课　王红的一天

（二）听第二遍，用括号中的词语说出两三个句子，不少于20字

1. 那个科学博物馆怎么样？（展品　参观　其中）
2. 王红今天去做什么？（布置　回答　翻译）

（三）分组练习

题目：大家一起谈谈王红的课外活动

要求：一名同学先说4～6个句子，不少于40字；然后其他同学补充；最后再由一名同学总结，说6～8个句子，不少于60字。

词语参考：当　志愿者　翻译　布置　回答　讲解员　增长　服务

常用表达参考：自从……以来　每……都……　不但……同时……

（四）读下面的短文，跟你说的进行比较

> 自从上大学以来，王红每周二下午都去博物馆当志愿者。她常做一些翻译材料、布置展品、回答网友问题这样的工作。在博物馆工作，不但可以增长知识，同时，也可以为别人服务。

◇ 常用词语和表达

【谈论课外生活】

常用词语和表达	例　句
自从……以来	自从去年12月以来，参加志愿服务的学生越来越多。
	自从开学以来，先后有500名同学参与了校园服务活动。
每……都……	我们这博物馆，每周六、日都有高中学生在这儿做讲解员。
	我们学校，每学期都会安排两次社会实践活动。
不但……同时……	参加志愿服务活动，不但可以帮助别人，同时，对自己也是很好的社会实践机会。
	这学期我参加了自行车俱乐部，不但有机会去以前没去过的地方游玩儿，同时，也认识了不少新朋友。

（续表）

常用词语和表达	例　句
其中	报名参加这次活动的学生很多，其中不少是大一新生。 学校举办了各种各样的讲座，其中，心理辅导讲座最受学生们欢迎。
过得	时间过得真快，这个学期结束了。 丽丽觉得，周末可以过得轻松一点儿。

综合练习

一 这是王红一天的安排，请你根据听过的三段短文填表

11月8日 星期_____ 今天是我的 _____				
	上午	_____课		有收获
		体育课	和外国学生_____	有意思
	中午	在宿舍开_____	朋友们请我吃_____、 _____、_____	_____
	下午	去博物馆做_____	_____、_____、 回答网友问题	有意义

二 说一说

◎ 小组活动

根据上面的表格和下面给出的参考词语和常用表达，谈一谈：
（1）王红的学校生活；
（2）王红的生日午餐；
（3）王红的课外活动。

第 2 课　王红的一天

要求：一名同学先说6～8个句子，不少于60字；然后小组其他同学补充；最后由一名同学总结，说8～10个句子，不少于80字。

词语参考：了解　熟悉　适应　有用　收获　摆　回答　讲解员　志愿者

常用表达参考：开开心心　顿　尤其

◎ **拓展练习**

你们学校生活怎么样？请你谈一谈：

（1）自己的学校生活；

（2）自己最难忘的生日；

（3）自己的课外活动。

要求：

（1）使用这一课学过的词语和常用表达；

（2）说8～10个句子，不少于80字。

第 3 课   我对学中文越来越有兴趣

听力录音

词语

3-1

1	兴趣	xìngqù	名	interest
2	古老肉	gǔlǎoròu	名	fried pork in sweet and sour sauce
3	西红柿炒鸡蛋	xīhóngshì chǎo jīdàn		scrambled eggs with tomatoes
4	暑假	shǔjià	名	summer vacation
5	招待	zhāodài	动	to entertain; to cater
6	聊天儿 *	liáo tiānr		to chat
7	转学	zhuǎn xué		to transfer to another school
8	另外	lìngwài	代	another; other
9	互相	hùxiāng	副	each other
10	有趣	yǒuqù	形	interesting
11	声调	shēngdiào	名	tone
12	重复 *	chóngfù	动	to repeat
13	接触	jiēchù	动	to contact
14	帮忙 *	bāng máng		to offer help
15	记得 *	jìde	动	remember
16	例如 *	lìrú	动	for example
17	中国通	Zhōngguótōng	名	China hand

18	神秘	shénmì	形	mysterious
19	开（课）	kāi (kè)	动	to offer (a course)
20	总是	zǒngshì	副	always
21	更	gèng	副	even
22	于是	yúshì	连	therefore
23	选修	xuǎnxiū	动	to elect (a course)

专有名词

| 1 | 德语 | Déyǔ | | German language |
| 2 | 拉丁语 | Lādīngyǔ | | Latin |

词语理解

 一 听词语。听第一遍，从图片中选择你听到的词语，并标上序号；听第二遍，跟读
3-2

 关于中国菜的词语

A  B  C

1. ____ 2. ____ 3. ____

◎ 关于学习的词语

A  B  C

1. ____ 2. ____ 3. ____

◎ 关于生活的词语

A  B

C  D

1. ____ 2. ____ 3. ____ 4. ____

听说句子

一 听句子，判断对错

3-3

1. 丽丽不是客人。　　　　　　　　　　　　　　　（　　）
2. 阿里家来客人了。　　　　　　　　　　　　　　（　　）
3. 李大为要去新学校。　　　　　　　　　　　　　（　　）
4. 哥哥要再学一种外语。　　　　　　　　　　　　（　　）
5. 下星期二上课。　　　　　　　　　　　　　　　（　　）

第3课　我对学中文越来越有兴趣

6. 姐姐常常去爷爷奶奶那儿。　　　　　　　　　　　　（　　）
7. 同学们不喜欢王红。　　　　　　　　　　　　　　　（　　）
8. 李大为觉得写汉字挺好玩儿。　　　　　　　　　　　（　　）
9. 李大为觉得声调最难。　　　　　　　　　　　　　　（　　）
10. 他们可以再说一遍。　　　　　　　　　　　　　　（　　）
11. 中文越来越难学。　　　　　　　　　　　　　　　（　　）
12. 同学们觉得和中国人交流很难。　　　　　　　　　（　　）

听说短文

短文一　开始接触汉语并产生一定的兴趣

3-4
（一）听第一遍，简单回答问题

1. 王先生是谁？
2. 有时候，李大为帮王太太做什么？
3. 李大为会中文吗？
4. 李大为上中文课吗？

3-4
（二）听第二遍，回答下面的问题，要求说两三个句子，不少于20字

1. 李大为喜欢吃什么中国菜？
2. 李大为为什么会说一点儿中文？
3. 李大为会说哪些中文词语？

（三）请你介绍一下李大为

（1）李大为的家庭情况；
（2）他们和王先生一家的关系；
（3）李大为觉得中文怎么样。

要求：说6～8个句子，不少于60字。使用下面的词语和常用表达。
词语参考：大夫　朋友　做客　庆祝　中国菜　中文　有趣　神秘
常用表达参考：……（的）时候

25

（四）读下面的短文，跟你说的进行比较

> 李大为的爸爸妈妈都是大夫，王先生是他爸爸的好朋友。王先生和王太太经常去李大为家，王先生也请李大为一家和他们一起庆祝中国新年。李大为喜欢吃中国菜，他也学了一点儿中文，他觉得中文挺有趣，也有点儿神秘。

◇ 常用词语和表达

【谈论家庭生活】

常用词语和表达	例句
每 + 量词	每年李大为都去王先生家庆祝中国新年。
	每次回家，丽丽都给妈妈做一两个北方菜。
帮 // 忙	妈妈请客的时候，毛毛也帮忙做饭。
	爸爸的朋友请他帮一个忙。
……什么的	李大为喜欢吃中国菜，例如西红柿炒鸡蛋、古老肉什么的。
	玛丽会说一点儿中文，比如"谢谢""不客气"什么的。
……（的）时候	上小学的时候，李大为常去王先生家。
	吃饭的时候，爷爷奶奶总是说："多吃点儿。"
记得	丽丽记得十年前她和爸爸妈妈经常去养老院帮忙。
	阿里小时候去过不少地方，可是他已经不太记得了。

短文二　为什么选修中文

3-5

（一）听第一遍，简单回答问题

1. 李大为觉得学德语怎么样？
2. 放暑假的时候，谁来了？
3. 李大为决定在新学校学什么？

第 3 课　我对学中文越来越有兴趣

（二）听第二遍，用括号中的词语说出两三个句子，不少于20字

1. 李大为为什么不继续学德语了？（转　另外　所）
2. 中国爷爷奶奶怎么样？（教　写）
3. 李大为为什么选修中文？（兴趣　交流　了解）

（三）请你说说李大为为什么决定选修中文

（1）李大为上中学时选了什么外语，第二年发生了什么；
（2）中国爷爷奶奶怎么样；
（3）李大为觉得会中文有什么好处。

要求：说6~8个句子，不少于60字。使用下面的词语和常用表达。
词语参考：德语　第二年　转学　放暑假　认识　中国爷爷　教　写汉字
　　　　　兴趣　决定　选修
常用表达参考：但是 / 可是　于是

（四）读下面的短文，跟你说的进行比较

> 　　李大为上中学的时候，学了一年德语，可是第二年他要转学，新学校不开德语课。放暑假的时候，他认识了中国爷爷奶奶，他们是王先生的爸爸和妈妈。中国爷爷教他写汉字，他对中文的兴趣更大了，于是决定选修中文。

◇ 常用词语和表达
【谈论学习工作】

常用词语和表达	例　句
可以…… 也可以……	会说中文，可以和中国人交流，也可以了解中国文化。
	和中国人聊天儿，可以练习听力，也可以了解中国人的想法。
另（外）	另（外）一所学校 / 另（外）一门外语
	另（外）一位老师 / 另外几家公司
更（1）	阿里对汉语的兴趣更大了。
	同学们觉得中文更有趣了。

（续表)

常用词语和表达	例　句
动词 + 得（1）	中国爷爷写字写得很漂亮。 中国人说话说得很快。
但是	李大为觉得中文挺有趣，但是他还没打算在学校学它。 和中国人聊天儿很有意思，但是有时候听不懂。
于是	玛丽觉得中文很有趣，于是她开始学习中文。 中村发现看中文电视可以练习中文，于是他每天看一小时中文电视。

短文三　　中文课

3-6

（一）听第一遍，简单回答问题

1. 李大为觉得中文难不难？
2. 李大为喜欢做什么？
3. 李大为的中文老师怎么样？
4. 李大为觉得上中文课有意思吗？

3-6

（二）听第二遍，用括号中的词语说出两三个句子，不少于20字

1. 李大为说错过什么？为什么？（声调）
2. 李大为写错过什么？（可是）
3. 李大为和他的同学们为什么喜欢和中国人聊天儿？（越来越　收获）

第 3 课　我对学中文越来越有兴趣

（三）分组练习

　　题目：大家一起谈谈李大为的中文课
　　要求：一个人先说4～6个句子，不少于40字；然后小组其他同学补充；最后再
　　　　　由一名同学总结，说6～8个句子，不少于60字。
　　词语参考：不容易　老师　课堂上　聊天儿　重复　交流　有收获
　　常用表达参考：互相　每个月　越来越

（四）读下面的短文，跟你说的进行比较

> 　　开始学汉语以后，李大为觉得学习汉语不容易。不过，老师教得很好，课堂上，同学们常常互相帮助。每个月，他们还跟中国留学生聊一次天儿，听不懂的时候，他们就让中国留学生重复一遍。和中国人交流，他们觉得很有收获，越来越喜欢学习汉语了。

◇ 常用词语和表达

【谈论中文课堂】

常用词语和表达	例　句
更（2）	声调不容易，写汉字更难。
	大家听力不错，口语更好。
互相	同学们互相学习，互相帮助。
	朋友应该互相关心。
遍	每个生词要读三遍。
	这个电影我看过两遍。

综合练习

一 请你根据听过的三段短文填表

	家里有什么人	他和爸爸妈妈做什么	喜欢吃什么菜	会说什么中文词语
李大为的家庭生活				
	学过什么外语	为什么不学了		为什么选修中文
李大为为什么选中文课				
	李大为觉得中文难不难	李大为上中文课的时候做什么		李大为喜欢不喜欢上中文课
李大为的中文课				

二 说一说

◎ 小组活动

根据上面的表格和下面给出的参考词语和常用表达，谈一谈：

（1）李大为小时候的生活；
（2）李大为为什么选中文课；
（3）李大为觉得学中文怎么样。

要求：一名同学先说6~8个句子，不少于60字；然后小组其他同学补充；最后由一名同学总结，说8~10个句子，不少于80字。

词语参考：做客　中文　德语　转学　选修　声调　汉字　聊天

常用表达参考：例如　有兴趣　互相　越来越

◎ **拓展练习**

你是什么时候开始对中文有兴趣的？请你谈一谈：

（1）自己小时候的生活；

（2）为什么选修中文；

（3）在国内怎么学中文。

要求：

（1）使用这一课学过的词语和常用表达；

（2）说8~10个句子，不少于80字。

第 4 课 在中国学汉语

听力录音

词语

4-1

1	上（菜）	shàng (cài)	动	to serve
2	司机	sījī	名	driver
3	快餐店	kuàicāndiàn	名	fast food restaurant
4	点（菜）	diǎn (cài)	动	to order
5	阅读*	yuèdú	动	to read
6	语伴	yǔbàn	名	language partner
7	讲座	jiǎngzuò	名	speech
8	国际*	guójì	形	international
9	发现	fāxiàn	动	to find; to discover
10	习惯	xíguàn	动	to get used to
11	新闻	xīnwén	名	news
12	字幕	zìmù	名	subtitle; caption
13	加倍	jiābèi	副	double
14	解释*	jiěshì	动	to explain
15	词语	cíyǔ	名	word and expression
16	效率	xiàolǜ	名	efficient

第4课　在中国学汉语

17	印象*	yìnxiàng	名	impression
18	吃惊*	chī jīng		surprised; shocked
19	聊	liáo	动	to chat
20	通常*	tōngcháng	副	usually
21	听力	tīnglì	名	listening
22	异同	yìtóng	名	similarities and differences
23	量	liàng	名	amount; quantity
24	饿	è	形	hungry

词语理解

一　听词语。听第一遍，从图片中选择你听到的词语，并标上序号；听第二遍，跟读。

4-2

◎ 关于生活的词语

A 　B 　C

D 　E

1. ____　2. ____　3. ____　4. ____　5. ____

◎ 关于学习的词语

A 　　B 　　C

1. ____　　2. ____　　3. ____

听说句子

 一　听句子，判断对错

4-3

1. 毛毛以前没来过北京。　　　　　　　　　　　　（　）
2. 姐姐学习历史。　　　　　　　　　　　　　　　（　）
3. 朴大宇看到了很多新鲜事。　　　　　　　　　　（　）
4. 丽丽还不习惯现在的生活。　　　　　　　　　　（　）
5. 哥哥会开车。　　　　　　　　　　　　　　　　（　）
6. 王红不爱吃快餐。　　　　　　　　　　　　　　（　）
7. 中国新闻李大为看得懂。　　　　　　　　　　　（　）
8. 弟弟喜欢看书。　　　　　　　　　　　　　　　（　）
9. 阿里昨天看了一个中国电影。　　　　　　　　　（　）
10. 同学们去小学教课。　　　　　　　　　　　　 （　）
11. 那个电影是英文的。　　　　　　　　　　　　 （　）
12. 王红有很多韩国朋友。　　　　　　　　　　　 （　）
13. 毛毛现在不努力。　　　　　　　　　　　　　 （　）
14. 老师常常听写生词。　　　　　　　　　　　　 （　）
15. 我们学的词语很有用。　　　　　　　　　　　 （　）

第4课　在中国学汉语

听说短文

短文一　对北京的印象

（一）听第一遍，简单回答问题
4-4

    1. 朴大宇在哪儿学习？

    2. 朴大宇以前来过中国吗？

（二）听第二遍，用括号中的词语说出两三个句子，不少于20字
4-4

    朴大宇为什么坐出租车？（天气　熟悉）

（三）请你说说朴大宇在北京的生活

    （1）以前来没来过北京；

    （2）这次有什么发现；

    （3）他觉得自己的中文怎么样。

要求：说6~8个句子，不少于60字。使用下面的词语和常用表达。
词语参考：以前　汽车　出租车　司机　记得　听懂　高兴
常用表达参考：又　到处　聊几句　吃惊地发现

（四）读下面的短文，跟你说的进行比较

> 朴大宇以前来过北京，但是他不太记得了。这次暑假来北京学习，他发现北京街上汽车特别多，外国快餐店和面包店到处都是。因为天气热，对北京又不熟悉，他有时候坐出租车。出租车司机说的话他能听懂一些，也能聊几句，他很高兴。

35

◇ 常用词语和表达

【说明情况】

常用词语和表达	例　句
年级	弟弟上高中二年级。
	他们的语伴是大学二三年级的学生。
专业	我想报考中文专业。
	我大学学习的专业是金融。
这/那都是……的事了	不说这件事了,这都是五年前的事了。
	学音乐,那都是过去的事了。
	那些都是好早以前的事了,别再提了。
发现	老师高兴地发现,同学们经过一个暑假,进步很快。
	他吃惊地发现,原来那家小饭馆儿已经没有了。
到处	街上到处都是电动车。
	快餐店到处都是。
又(1)	菜都是辣的,价钱又贵,我们就去了另一家饭馆儿。
	价钱不贵,质量又好,我买了不少。
	每周六要实习,学校平时功课又多,真没时间休息。

短文二　　学习内容

4-5

(一) 听第一遍,简单回答问题

1. 朴大宇上几门课?
2. 朴大宇什么时候上课?
3. 朴大宇晚上做什么?

第 4 课　在中国学汉语

（二）听第二遍，用括号中的词语说一说，第3~4题要求说两三个句子，不少于20字

1. 朴大宇都上什么课？（新闻　文化）
2. 朴大宇下午做什么？（参观　讲座）
3. 朴大宇觉得和语伴一起学习怎么样？（既……又……）
4. 朴大宇觉得自己的汉语怎么样？（进步　不过　加倍）

（三）请你说说朴大宇在北京的学习情况

要求：说6~8个句子，不少于60字。使用下面的词语和常用表达。
词语参考：三门课　字幕　听力　决定
常用表达参考：每……都……　通常　既……又……　加倍

（四）读下面的短文，跟你说的进行比较

> 朴大宇每天上午都有课。他一共上三门课。下午通常去参观或者听讲座。晚上他和语伴一起学习。朴大宇觉得，和中国语伴互相练习，既可以提高汉语水平，又可以了解中国人的想法。朴大宇觉得自己的阅读和口语进步得挺快，可是听力还不行，他决定加倍努力。

◇ 常用词语和表达

【谈论学习】

常用词语和表达	例　句
通常	周末我们通常去参观博物馆。
	他们通常和中国语伴一起读报纸。
既……又……	看中文电影既可以练习听力，又可以了解中国社会。
	在公司实习，既可以锻炼自己的工作能力，又可以接触社会。
不过	王红口语挺流利，不过发音还有点儿问题。
	小张想考研究生，不过他还没决定学什么专业。

常用词语和表达	例　句
决定	朴大宇决定利用暑假去中国学习。 经过认真考虑，丽丽决定转专业。
加倍	要想提高自己的汉语水平，一定要加倍努力。 我们要加倍珍惜大学时光。

短文三　　在中国学汉语和在本国学汉语的异同

（一）听第一遍，简单回答问题

4-6

1. 在韩国的时候，朴大宇每个星期上几节中文课？
2. 在韩国上大课的时候一个班有多少学生？
3. 在韩国上中文课的时候，老师说韩国语吗？

（二）听第二遍，用括号中的词语说出两三个句子，不少于20字

4-6

1. 朴大宇在韩国上的中文课怎么样？（大课　练习课　解释）
2. 朴大宇为什么觉得在中国学习汉语效率高？（马上　用得上）

（三）请你比较朴大宇在韩国学汉语和在中国学汉语有什么不同

要求：说6~8个句子，不少于60字。使用下面的词语和常用表达。
词语参考：大课　小课　解释　了解　听力　效率　课上　马上　点菜
常用表达参考：用得上

第4课　在中国学汉语

（四）读下面的短文，跟你说的进行比较

> 朴大宇在韩国学汉语的时候，上大课时老师用韩国语解释生词和语法。他们对汉语的词语了解得比较清楚，可是听力练得少。在中国学习汉语，效率更高，课上学到的词语马上就能用上。

◇常用词语和表达

【谈论学习】

常用词语和表达	例　句
左右	每天晚上要花两个小时左右复习。
	阿里每天都要写一篇200字左右的中文日记。
只有	上练习课的时候，班上只有5名学生。
	朴大宇每星期只有两节文化课。
另外	同学们这学期上四门课：汉语会话、新闻汉语、汉语语法，另外一门是中国文化。
	李大为新交了三名中国朋友，一名是自己的语伴，另外两名是一起打球的大一学生，现在他们常常在学习上互相帮助。
动词 + 上	写作文的时候要用上新学的成语和俗语。
	朴大宇的同学考上了中国人民大学新闻系。
形容词 + 一些	朴大宇的听力好一些了。
	用汉语的机会多一些了。
	开始实习以后，学中文的时间少了一些。
记得住 / 看得清楚	一天学这么多生词你记得住吗？
	虽然坐在后面，黑板上的字他也看得清楚。
动词 + 两 / 几 + 量词	各位，我先说两 / 几句。
	吃完饭，丽丽想去图书馆借两 / 几本书。

综合练习

一 请你根据听过的三段短文填表

朴大宇在北京的生活	环境怎么样	交通	汉语使用
朴大宇在北京的学习	上什么课	课外活动	汉语怎么样
朴大宇觉得在韩国和中国学汉语有何不同	在韩国		在中国

二 说一说

◎ 小组活动

根据上面的表格和下面给出的参考词语和常用表达，谈一谈：

（1）朴大宇在北京的生活；

（2）朴大宇在北京的学习；

（3）比较朴大宇在韩国和中国学汉语的异同。

要求：一名同学先说6~8个句子；然后小组其他同学纠正补充；最后由一名同学总结，说10~12句子，不少于100字。

词语参考：以前 路上 坐出租车 聊天儿 三门课 语伴 大课 解释 效率

常用表达参考：到处 既……又…… 吃惊地发现 用得上

第 4 课　在中国学汉语

◎ **拓展练习**

你以前来没来过中国？请你谈一谈：

（1）什么时候来的；

（2）来中国做什么；

（3）对中国的印象怎么样。

要求：

（1）使用这一课学过的词语和常用表达；

（2）说8～10个句子，不少于80字。

第 5 课　我的音乐老师

听力录音

词语

5-1

1	合唱	héchàng	动	to chorus
2	迷*	mí	名	fan
3	吹	chuī	动	to play; to blow
4	笛子	dízi	名	bamboo flute
5	乐器	yuèqì	名	musical instrument
6	享受*	xiǎngshòu	动	to enjoy
7	火	huǒ	名	fire
8	有神	yǒushén	形	bright; shining
9	从小	cóngxiǎo	副	from childhood
10	积极*	jījí	形	positive; active
11	深奥	shēn'ào	形	profound; abstruse
12	中等	zhōngděng	形	medium
13	个子	gèzi	名	height
14	欣赏	xīnshǎng	动	to appreciate
15	民族	mínzú	名	nationality; ethnic
16	鼓励*	gǔlì	动	to encourage
17	耐心*	nàixīn	形	patient

第 5 课　我的音乐老师

18	亲切	qīnqiè	形	cordial; kind
19	理论	lǐlùn	名	theory
20	影响	yǐngxiǎng	名	influence
21	古典*	gǔdiǎn	形	classical
22	着迷	zháo mí		to be fascinated
23	乐曲	yuèqǔ	名	melody
24	感情*	gǎnqíng	名	feeling; affection

专有名词

| 1 | 《茉莉花》 | Mòlìhuā | *Jasmine* |
| 2 | 《康定情歌》 | Kāngdìng Qínggē | *Love Song in Kangding* |

词语理解

 5-2　一　听词语。听第一遍，从图片中选择你听到的词语，并标上序号；听第二遍，跟读

◎ 关于音乐的词语

A

B

43

 C  D

1. ____ 2. ____ 3. ____ 4. ____

◎ 关于生活的词语

 A  B  C

1. ____ 2. ____ 3. ____

听说句子

一 听句子，判断对错

5-3

1. 他小时候不喜欢音乐。　　　　　　　　　　　　　　　　(　　)
2. 他爱唱歌。　　　　　　　　　　　　　　　　　　　　　(　　)
3. 这门课很容易学。　　　　　　　　　　　　　　　　　　(　　)
4. 王红每天都听音乐。　　　　　　　　　　　　　　　　　(　　)
5. 爸爸个子很高。　　　　　　　　　　　　　　　　　　　(　　)
6. 他们喜欢乐器。　　　　　　　　　　　　　　　　　　　(　　)
7. 上课的时候，我们不常听民族音乐。　　　　　　　　　　(　　)
8. 老师常常问学生们问题。　　　　　　　　　　　　　　　(　　)
9. 老师愿意回答问题。　　　　　　　　　　　　　　　　　(　　)
10. 李老师对我们很热情，很关心。　　　　　　　　　　　　(　　)

第 5 课　我的音乐老师

听说短文

短文一　我从小就喜欢唱歌

（一）听第一遍，简单回答问题

5-4

1. "我"从小就喜欢什么？
2. "我"是不是音乐迷？

（二）听第二遍，用括号中的词语说出两三个句子，不少于20字

5-4

1. "我"为什么喜欢唱歌？（受……影响）
2. "我"觉得音乐怎么样？（既……又……）
3. "我"为什么成了音乐迷？（音乐老师）

（三）请你说说"我"的音乐生活

（1）"我"从小就喜欢什么；
（2）"我"受了哪些人的影响。

要求：说6～8个句子，不少于60字。使用下面的词语和常用表达。
词语参考：积极　参加　成为　音乐迷
常用表达参考：从小就　每……都　既……又……　可是　受……影响

（四）读下面的短文，跟你说的进行比较

> 我从小就喜欢唱歌，每年都积极参加合唱比赛。我对音乐既喜欢又觉得深奥。我不懂音乐理论，可是音乐让我觉得很亲切。我喜欢音乐是受了爸爸的影响，可是我中学的音乐老师让我真正爱上了音乐。

45

◇ 常用词语和表达

【介绍经历】

常用词语和表达	例　句
从小就	丽丽从小就喜欢画画儿。 朴大宇从小就对汉语有兴趣。
每星期……都……	王红每星期二都去做志愿者。 朴大宇每星期三下午都去听讲座。
对于	对于音乐，我从小就喜欢。 对于这个问题，王红做过一点儿研究。
可是	我喜欢逛公园，可是来北京以后，我只去过天安门。 我喜欢唱歌，可是没有学过音乐理论。
如果……那……	如果我当初选择中文专业，那我现在可能已经是中国通了。 如果不是对那家公司的工作很满意，那丽丽也不会到北京来工作。
受……影响	受老师的影响，丽丽决定学习设计专业。 受中国朋友的影响，朴大宇去年开始看京剧。

短文二　　老师上课教什么

5-5
（一）听第一遍，简单回答问题

1. 李老师是男老师还是女老师？
2. "我们"上音乐课学什么？

5-5
（二）听第二遍，用括号中的词语说一说，第3题要求说三四个句子，不少于30字

1. 李老师教"我们"什么？（欣赏）
2. 李老师教"我们"什么乐器？（吹）
3. 同学们喜欢学什么？（吹　把　带　一……就……　）

46

第5课　我的音乐老师

（三）请你说说"我"的音乐课

要求：说6~8个句子，不少于60字。使用下面的词语和常用表达。
词语参考：欣赏　欧洲　民族　吹　笛子
常用表达参考：越……越……　把　一……就……　比如

（四）读下面的短文，跟你说的进行比较

> 李老师教我们欣赏欧洲古典音乐，也教我们欣赏中国民族音乐。李老师还教我们吹笛子。同学们越学越爱学。大家把笛子带到学校，一有空儿就练习。我了解的民族音乐，比如《茉莉花》，就是那时知道的。

◇ 常用词语和表达

【介绍人物】

常用词语和表达	例句
外貌描写	小姑娘黑头发，黑眼睛，长得很像妈妈。
	体育老师个子高高的，瘦瘦的。
越……越……	孩子越大越懂事。
	李大为觉得中文越学越有意思。
把	王红把妈妈当成自己最好的朋友。
	上大学以后，王红把头发剪短了。
一……就……	丽丽一说话就脸红。
	朴大宇很聪明，你一说他就明白。
比如	李大为喜欢吃中国菜，比如饺子和豆腐。
	王红喜欢体育活动，比如打球、跑步和游泳。
大部分	班上大部分同学都喜欢数学课。
	朴大宇晚上大部分时间都在学习中文。

短文三　　老师讲课的风格

（一）听第一遍，简单回答问题

1. 李老师教课怎么样？
2. 音乐对人们的生活有什么影响？

（二）听第二遍，用括号中的词语说出两三个句子，不少于20字

1. 李老师讲课有什么特点？（耐心　特别　清楚）
2. 同学们为什么喜欢上音乐课？（一种享受）
3. 李老师让同学们明白了什么道理？（夏天的风　冬天的火　美好）

（三）请你说说李老师教的音乐有什么特色

要求：说6～8个句子，不少于60字。使用下面的词语和常用表达。
词语参考：耐心　清楚　内容　夏天的风　冬天的火　生活　美好
常用表达参考：从……那里　　　对……感兴趣

（四）读下面的短文，跟你说的进行比较

　　李老师讲课很耐心，讲得很清楚，内容也特别有意思。大家都越来越爱上音乐课了。李老师还让大家明白了：音乐是夏天的风，冬天的火，音乐让人们的生活更美好。

第 5 课　我的音乐老师

◇ 常用词语和表达

【谈论学习】

常用词语和表达	例　　句
真是一种享受	听李老师上音乐课真是一种享受。
	和中国同学用中文一起讨论问题真是一种享受。
连……都……	刚来中国的时候，李大为连"你好"都不会说。
	朴大宇忙着准备考研究生，连星期日都不休息。
对……感兴趣	王红的专业是文学，可是她对数学也很感兴趣。
	李大为对现在的专业不感兴趣，打算转专业。
从……那里	从老师那里，我们也学到了做人的道理。
	朴大宇和中国同学互相学习。他们都从对方那里了解了不少有趣的看法。

综合练习

一　请你根据听过的三段短文填表

	喜欢什么	为什么	上李老师的课，有什么收获
我			
	相貌	上课教什么	教课怎么样
李老师			

二 说一说

◎ 小组活动

根据上面的表格和下面给出的参考词语和常用表达，谈一谈：
（1）我和音乐；
（2）介绍一下李老师和他教的音乐课。
要求：一名同学先说6~8个句子，不少于60字；然后小组其他同学补充；最后由一名同学总结，说10~12个句子，不少于100字。
词语参考：欣赏　欧洲　民族　吹　笛子　积极　参加　音乐迷　耐心
　　　　　清楚　内容　夏天的风　冬天的火　生活　美好
常用表达参考：越……越……　把　一……就……　比如　从小就　每……都
　　　　　　　既……又……　可是　受……影响　成为　更

◎ 拓展练习

请你说一说：
（1）你喜欢谁；
（2）为什么喜欢；
（3）介绍一下这个人。
要求：
（1）使用这一课学过的词语和常用表达；
（2）说10~12句子，不少于100字。

第 6 课 大岛参加了学校的合唱团

听力录音

词语

6-1

1	钢琴	gāngqín	名	piano
2	合唱节	héchàngjié	名	choral festival
3	话剧	huàjù	名	drama; stage play
4	交响乐*	jiāoxiǎngyuè	名	symphony
5	住院	zhù yuàn		to be hospitalized
6	弹	tán	动	to play (piano, guitar, etc.)
7	翻译	fānyì	动	to translate
8	硕士	shuòshì	名	master's degree
9	正式	zhèngshì	形	formal
10	语速	yǔsù	名	talking speed
11	代替	dàitì	动	to replace
12	充实	chōngshí	形	full; substantial
13	忙碌	mánglù	形	busy
14	排练	páiliàn	动	to rehearse
15	业余*	yèyú	形	non professional; amateur
16	爱好*	àihào	名	hobby
17	研究生	yánjiūshēng	名	graduate student

51

18	外向*	wàixiàng	形	outgoing
19	乐观*	lèguān	形	optimistic
20	相当*	xiāngdāng	副	quite
21	梦想*	mèngxiǎng	名	dream
22	伟大	wěidà	形	great
23	作家	zuòjiā	名	writer
24	作品	zuòpǐn	名	works; writing
25	发音	fāyīn	名	pronunciation

词语理解

 一 听词语。听第一遍，从图片中选择你听到的词语，并标上序号；听第二遍，跟读

6-2

A 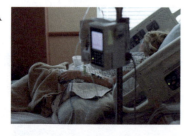　B 　C

D 　E

1. ____　　2. ____　　3. ____　　4. ____　　5. ____

第6课　大岛参加了学校的合唱团

听说句子

一　听句子，判断对错

6-3

1. 李大为会乐器。　　　　　　　　　　　　　　（　）
2. 这本书没有英文版。　　　　　　　　　　　　（　）
3. 大岛不是本科生。　　　　　　　　　　　　　（　）
4. 朴大宇对学习口语很感兴趣。　　　　　　　　（　）
5. 这个电影的故事不好懂。　　　　　　　　　　（　）
6. 毛毛身体不舒服。　　　　　　　　　　　　　（　）
7. 朋友和姐姐一起比赛。　　　　　　　　　　　（　）
8. 王红放假的时候很无聊。　　　　　　　　　　（　）
9. 大岛觉得忙一点儿好。　　　　　　　　　　　（　）
10. 大岛今天晚上有比赛。　　　　　　　　　　　（　）

听说短文

短文一　　大岛的业余爱好很多

（一）听第一遍，简单回答问题

6-4

1. 大岛的专业是什么？
2. 大岛的爱好多不多？

（二）听第二遍，用括号中的词语说出两三个句子，不少于20字

6-4

1. 大岛的性格怎么样？（外向）
2. 大岛有什么爱好？（弹　参观）
3. 她正在做什么？（尝试）
4. 大岛为什么喜欢话剧？（语速　正式）

（三）请你说说大岛的爱好

要求：说6～8个句子，不少于60字。使用下面的词语和常用表达。
词语参考：专业　硕士生　弹　参观　话剧　语速　正式
常用表达参考：相当　和……相比

（四）读下面的短文，跟你说的进行比较

> 大岛是中国文学专业的硕士生。她的爱好相当多。她会弹钢琴，也喜欢参观博物馆。她还喜欢看中国的话剧。和电影相比，话剧的语速慢一些，看话剧还能学到比较正式的语言。

◇ 常用词语和表达

【说明情况】

常用词语和表达	例句
来自	朴大宇来自韩国。
	李老师来自北京。
相当	朴大宇的留学生活相当忙碌。
	阿里的钢琴弹得相当好。
和……相比	和山东菜相比，丽丽觉得广东菜更可口。
	和坐公共汽车相比，王红觉得坐地铁更方便。
对……有帮助（2）	看中国话剧，对学中文有帮助。
	和中国人聊天儿，对练习口语有帮助。

短文二　　一次偶然事件让她进入了合唱团

6-5

（一）听第一遍，简单回答问题

1. 大岛喜欢什么？不太喜欢什么？
2. 比赛结果怎么样？

第6课　大岛参加了学校的合唱团

（二）听第二遍，用括号中的词语说出两三个句子，不少于20字

1. 大岛为什么参加了合唱比赛？（合唱团　住院　代替）
2. 比赛后，发生了什么事？（邀请　参加）
3. 大岛为什么同意了？（和大家一起）

（三）请你说说大岛参加合唱团的经过

要求：说6~8个句子，不少于60字。使用下面的词语和常用表达。
词语参考：弹钢琴　交响乐　感兴趣　合唱比赛　住院　代替　答应
　　　　　第三名　邀请　同意
常用表达参考：上……的时候

（四）读下面的短文，跟你说的进行比较

> 大岛会弹钢琴，也喜欢听歌、听交响乐，但是对唱歌不是特别感兴趣。不过有一次，系里要参加合唱节，一名同学突然住院了，她请自己的好朋友大岛代替她参加比赛。大家唱得很好，得了第三名。合唱团的老师邀请大岛参加合唱团，大岛同意了。

◇ 常用词语和表达

【谈论时间】

常用词语和表达	例　句
小时候	朴大宇小时候来过中国。
	大岛小时候学过钢琴。
上……的时候	李大为上中学二年级的时候开始学习中文。
	大岛上研究生的时候参加了合唱团。
快……的时候	快考试的时候，在图书馆复习的学生很多。
	快过春节的时候，火车票很难买。
……前一/几天	比赛前一天，要休息好。
	开学前几天，大部分同学都回到了学校。

55

短文三　　参加合唱团的得与失

（一）听第一遍，简单回答问题

1. 大岛一个星期排练几次？
2. 合唱团唱的都是中文歌吗？

（二）听第二遍，用括号中的词语说出两三个句子，不少于20字

1. 大岛为什么高兴？（排练　听课　交流）
2. 合唱团唱什么语言的歌？（不都是　还有）
3. 对大岛来说，"有得必有失"是什么意思？（忙碌　没有那么多时间）

（三）请你说说大岛参加合唱团以后的情况

要求：说6~8个句子，不少于60字。使用下面的词语和常用表达。
词语参考：充实　忙碌　排练　中文
常用表达参考：没有那么多时间　有得必有失

（四）读下面的短文，跟你说的进行比较

> 　　参加合唱团以后，大岛的生活充实而忙碌。合唱团每周排练两次。在合唱团，他们用汉语交流。可是，他们不光唱中文歌，还唱英文歌、德文歌、意大利文歌和韩文歌。不过，参加合唱团后，大岛没有那么多时间看话剧了，她明白了"有得必有失"的意思。

◇ 常用词语和表达

【说明情况】

常用词语和表达	例　句
每 + 一段时间 + 动词 + 一次	我每年回一次家乡。 她每个月参观一次博物馆。

第 6 课　大岛参加了学校的合唱团

（续表）

常用词语和表达	例　句
让某人……的是	让她遗憾的是，她没有时间常去看话剧了。 让他没想到的是，孩子们说的话那么不容易懂。
要 + 动词 + 上 + 数量词	每天上下班，路上都要花上两三个小时。 我每个月都要吃上一两次饺子。
没有那么多	现在没有那么多人来他的小店买东西了。 她来到了陌生的城市，没有那么多朋友来看她了。

综合练习

一 请你根据听过的三段短文填表

	在哪儿学习	喜欢什么	为什么喜欢看话剧
大岛的爱好			
大岛参加了合唱比赛	不是特别喜欢什么	比赛前几天	比赛的时候
大岛参加合唱团以后	高兴的事	没想到的事	有得必有失

57

二 说一说

◎ 小组活动

根据上面的表格和下面给出的参考词语和常用表达，谈一谈：

（1）大岛的爱好；

（2）大岛参加了合唱比赛；

（3）大岛参加了合唱团。

要求：一名同学先说8～10个句子，不少于80字；然后小组其他同学纠正补充；最后由一名同学总结，说10～12个句子，不少于100字。

词语参考：专业　硕士生　弹　参观　话剧　语速　正式　弹钢琴　交响乐
　　　　　感兴趣　合唱比赛　住院　代替　答应　第三名　邀请　同意
　　　　　充实　忙碌　排练　中文

常用表达参考：相当　和……相比　没有那么多时间
　　　　　　　有得必有失

◎ 拓展练习

你有什么爱好？请你说一说：

（1）你喜欢什么；

（2）为什么喜欢；

（3）有什么有趣的事情。

要求：

（1）使用这一课学过的词语和常用表达；

（2）说10～12个句子，不少于100字。

第7课 小张热爱登山

听力录音

词语

7-1

1	登山	dēng shān		to climb mountain
2	优美	yōuměi	形	beautiful; graceful
3	热爱*	rè'ài	动	to love; to adore
4	邻居*	línjū	名	neighbor
5	机会	jīhuì	名	opportunity
6	耐力	nàilì	名	endurance; stamina
7	放松	fàngsōng	动	to relax
8	市民	shìmín	名	citizen; resident of a city
9	挑战	tiǎozhàn	动	to challenge
10	根本	gēnběn	副	foundamentally
11	合作	hézuò	动	to cooperate
12	浪漫	làngmàn	形	romantic
13	羡慕	xiànmù	动	to admire; to envy
14	地道	dìdao	形	authentic; genuine
15	发亮*	fā liàng		to shine; to glisten
16	不管	bùguǎn	连	no matter how
17	肚子	dùzi	名	stomach; belly

59

18	感受	gǎnshòu	动	to feel
19	危险	wēixiǎn	形	dangerous
20	将来	jiānglái	名	future
21	山顶	shāndǐng	名	hilltop
22	俱乐部	jùlèbù	名	club
23	结交	jiéjiāo	动	to get along with
24	害怕	hàipà	动	to fear; to be afraid of
25	信心	xìnxīn	名	confidence
26	愉快	yúkuài	形	happy; agreeable

词语理解

 一 听词语。听第一遍,从图片中选择你听到的词语,并标上序号;听第二遍,跟读

7-2

A  B  C

D  E  F

1.____ 2.____ 3.____ 4.____ 5.____ 6.____

第7课　小张热爱登山

听说句子

一　听句子，判断对错

7-3

1. 李老师非常喜欢当老师。　　　　　　　　　　　（　　）
2. 小张和丽丽是同学。　　　　　　　　　　　　　（　　）
3. 小王钱不够。　　　　　　　　　　　　　　　　（　　）
4. 朴大宇不容易累。　　　　　　　　　　　　　　（　　）
5. 哥哥觉得很紧张。　　　　　　　　　　　　　　（　　）
6. 那个地方很漂亮。　　　　　　　　　　　　　　（　　）
7. 这个工作很有意思。　　　　　　　　　　　　　（　　）
8. 大家登山的时间很少。　　　　　　　　　　　　（　　）
9. 同事们根本不愿意合作。　　　　　　　　　　　（　　）
10. 大岛不懂浪漫。　　　　　　　　　　　　　　　（　　）

听说短文

短文一　　小张是登山迷

（一）听第一遍，简单回答问题

7-4

1. 小张喜欢什么？
2. 小张最大的爱好是什么？
3. 小张小时候怎么样？

61

（二）听第二遍，用括号中的词语说出两三个句子，不少于20字

  1. 谈起登山，小张怎么样？（兴奋）
  2. 小张小时候为什么不喜欢登山？（很早　饿着肚子　感受）
  3. 小张什么时候爱上登山的？（毕业　开始）

（三）说说小张的爱好是什么

  要求：说6~8个句子，不少于60字。使用下面的词语和常用表达。
  词语参考：热爱　最大的爱好　小时候　走山路　感受不到　真正　开始
  常用表达参考：样样

（四）读下面的短文，跟你说的进行比较

>   小张热爱运动，游泳、打球样样都行，大家都很羡慕他。可是他最大的爱好是登山。小时候，小张虽然每天都走山路，可是感受不到登山的快乐。他真正爱上登山是开始工作以后。

◇ 常用词语和表达

【说明情况】

常用词语和表达	例　句
样样（量词重叠）	大岛唱歌、弹钢琴样样都会。
	丽丽画的这几张画儿，张张都好看。
地地道道（形容词重叠）	李大为想学做地地道道的中国菜。
	朋友们一起过了一个快快乐乐的春节。
不管……都……	不管是学习还是工作，都需要耐力。
	不管是同事还是朋友，都需要互相鼓励。
	不管是平时还是周末，丽丽都很忙。
像……一样（1）	工作也像登山一样，需要耐力。
	朴大宇希望自己的中文说得能像中国人一样地道。

第7课　小张热爱登山

（续表）

常用词语和表达	例　句
又（2）	朴大宇上午上课，下午又要去参观或听讲座，很忙。
	丽丽白天上班，晚上又要去学外语。
根本	爬山根本不像你说的那样有意思。
	来中国以前，朴大宇根本没想到街上有这么多人。

短文二　　小张真正爱上了登山

7-5

（一）听第一遍，简单回答问题

1. 上大学以后，小张常常登山吗？
2. 小张的工作怎么样？
3. 小张工作的城市山多吗？

7-5

（二）听第二遍，用括号中的词语说出两三个句子，不少于20字

1. 为什么登山成了小张的习惯？（压力　放松　郊区）
2. 小张觉得登山怎么样？（累　危险　锻炼　欣赏）
3. 为什么说小张是个浪漫的人？（将来　山顶）

（三）说说小张为什么喜欢登山

要求：说6～8个句子，不少于60字。使用下面的词语和常用表达。
词语参考：压力　放松　郊区　习惯　累　锻炼　欣赏
常用表达参考：虽然……可是

（四）读下面的短文，跟你说的进行比较

　　小张来到另一座城市工作。他的工作压力很大，需要放松。这座城市郊区有很多山，周末他常去爬山，登山慢慢成了他的习惯。小张觉得登山虽然有点儿累，可是可以锻炼身体，还可以停下来欣赏风景。

63

◇ 常用词语和表达

【谈论个人生活】

常用词语和表达	例句
另	小张最大的爱好是登山,他的另一个爱好是打球。
	大岛想当作家,她的另一个梦想是成为一名翻译家。
虽然……可是	李大为觉得,学习中文虽然有意思,可是写汉字不容易。
	虽然住在大城市,可是小张并不喜欢夜生活。
慢慢	丽丽慢慢适应了北方的生活。
	同事们慢慢成了好朋友。
成了	睡觉以前读中文,已经成了李大为的习惯。
	这个地方已经成了市民们周末常来的地方。
如果……一定……	朴大宇说,如果有机会,他一定再来中国学习。
	小张说,如果有机会,他一定要去别的城市爬山。

短文三　　登山可以增进友谊

7-6

（一）听第一遍,简单回答问题

1. 小张和谁一起登山?
2. 他们去什么样的地方登山?
3. 今年过生日,小张收到了什么礼物?

7-6

（二）听第二遍,用括号中的词语说出两三个句子,不少于20字

1. 登山给小张带来了什么好处?（认识　参加）
2. 登山对小张的工作有什么好处?（关系　合作　效率）

第 7 课　小张热爱登山

（三）谈谈登山给小张带来了哪些实实在在的好处

要求：说6~8个句子，不少于60字。使用下面的词语和常用表达。
词语参考：认识　结交　伙伴　参加　鼓励　效率
常用表达参考：刚开始　动词+上

（四）读下面的短文，跟你说的进行比较

> 喜欢上登山以后，小张参加了登山俱乐部，认识了不少新朋友，结交了很多登山伙伴。有空儿的时候，他也请同事一起去登山。刚开始，有的同事很害怕，小张就鼓励他们。慢慢地，同事们的关系越来越好，工作的时候合作得更愉快，工作效率更高了。

◇ 常用词语和表达

【谈论个人生活】

常用词语和表达	例句
动词+上（2）	请在这儿写上你的名字和电话。
	丽丽也喜欢唱歌，我们叫上她吧。
往往	年底往往是小张最忙的时候，没时间去登山。
	登山的时候，小张往往会带上相机，拍下优美的风景。
刚开始……慢慢地	刚开始，丽丽不习惯北方的天气，慢慢地，她爱上了四季分明的北方。
	刚开始，大岛觉得记歌词很难，慢慢地，她越来越喜欢唱各种语言的歌了。
不仅如此	李大为常和父母去中国叔叔家吃饭，了解了不少中国菜。不仅如此，他还学了一些中文。
	丽丽喜欢画画儿，画画儿让她觉得放松。不仅如此，画画儿对她的设计也有帮助。
动词+起来（1）	小张笑起来真可爱。
	说起来容易，做起来就难了。

一　请你根据听过的三段短文填表

	热爱运动	最爱登山	
小张的爱好	样样都会	小时候	真正爱上了登山
小张为什么爱上了登山	上大学的时候	工作以后	参加登山俱乐部以后
登山的好处	可以	可以	可以

二　说一说

◎ 小组活动

根据上面的表格和下面给出的参考词语和常用表达，谈一谈：

（1）小张的爱好；

（2）小张为什么成了登山迷；

（3）登山带来了什么好处。

要求：一名同学先说出8~10个句子，不少于80字；然后小组其他同学纠正补充；最后由一名同学总结，说10~12个句子，不少于100字。

词语参考：热爱　登山　小时候　感受不到　开始工作　另一座城市　压力
　　　　　放松　锻炼身体　欣赏　鼓励　合作　效率

常用表达参考：往往　动词+上　动词+起来　不仅如此　慢慢

第7课　小张热爱登山

◎ 拓展练习

说一说：

（1）你喜欢不喜欢运动；

（2）你喜欢什么运动；

（3）你觉得运动有什么好处。

要求：

（1）使用这一课学过的词语和常用表达；

（2）说10～12个句子，不少于100字。

第 8 课 孙子和《孙子兵法》

听力录音

词语

8-1

1	士兵	shìbīng	名	soldier
2	打仗	dǎ zhàng		to go to war
3	训练	xùnliàn	动	to train
4	进攻	jìngōng	动	to attack
5	军事家	jūnshìjiā	名	strategist
6	记载	jìzǎi	动	to record
7	将军	jiāngjūn	名	general; commander
8	权力*	quánlì	名	power
9	策略	cèlüè	名	strategy
10	打败仗	dǎ bàizhàng		to lose a battle
11	结束	jiéshù	动	to finish
12	开设	kāishè	动	to offer (a course)
13	带兵打仗	dài bīng dǎ zhàng		to command a troop in a battle
14	严明	yánmíng	形	strict and impartial
15	根据*	gēnjù	介	based on
16	曾经*	céngjīng	副	once
17	展示	zhǎnshì	动	to show; to display

68

第8课 孙子和《孙子兵法》

18	妻子 *	qīzi	名	wife
19	制定 *	zhìdìng	动	to draw up
20	嘻嘻哈哈	xīxī-hāhā	形	laughing and joking
21	严肃 *	yánsù	形	serious
22	按 *	àn	介	according to
23	军法	jūnfǎ	名	military law
24	处死	chǔsǐ	动	to execute
25	难过	nánguò	形	sad
26	任命	rènmìng	动	to appoint; to designate
27	打胜仗	dǎ shèngzhàng		to win a battle
28	既	jì	副	both ... (and)
28	战败	zhànbài	动	to be defeated

专有名词

1	孙子	Sūn Zǐ	an ancient Chinese military strategist of the Spring and Autumn Period
2	《孙子兵法》	Sūn Zǐ Bīngfǎ	*The Art of War*

词语理解

 一 听词语。听第一遍,从图片中选择你听到的词语,并标上序号;听第二遍,跟读

A　　　　　　B　　　　　　C

D　　　　　　E

1. ____　2. ____　3. ____　4. ____　5. ____

听说句子

 一 听句子,判断对错

1. 他写了很多书。　　　　　　　　　　　　　　（　）
2. 这件事有根据。　　　　　　　　　　　　　　（　）
3. 他们下星期开始训练。　　　　　　　　　　　（　）
4. 将军可以决定很多事情。　　　　　　　　　　（　）
5. 他的方法现在还在用。　　　　　　　　　　　（　）
6. 大家都很高兴。　　　　　　　　　　　　　　（　）
7. 仗打完了。　　　　　　　　　　　　　　　　（　）
8. 下学期有新课。　　　　　　　　　　　　　　（　）

第8课　孙子和《孙子兵法》

9. 大家都知道这几个句子。　　　　　　　　　　　　　（　　）
10. 大家了解这本书的内容。　　　　　　　　　　　　　（　　）

听说短文

短文一　　孙子趣事

8-4

（一）听第一遍，简单回答问题

1. 孙武是谁？
2. 吴王让他训练谁？
3. 吴王明白了什么？

8-4

（二）听第二遍，用括号中的词语说出两三个句子，不少于20字

1. 孙武是什么时候的人？（春秋）
2. 孙武对军法有什么样的看法？（严明　权力）
3. 孙武杀了谁？为什么？（严肃　军法　队长）

（三）请介绍一下孙武带兵的故事

要求：说6~8个句子，不少于60字。使用下面的词语和常用表达。
词语参考：军事家　认为　军法　吴王　训练　美女　制定
　　　　　严肃　处死　任命
常用表达参考：把

（四）读下面的短文，跟你说的进行比较

孙武是春秋时期的军事家。他认为军法要严明。一次，他训练吴王宫中的美女，队长是吴王的两位妻子。孙武制定了军法，可是训练的时候，美女们很不严肃。孙武就把队长处死了。后来，吴王任命孙武为将军。

71

◇ 常用词语和表达

【说明情况】

常用词语和表达	例　　句
根据	根据学校的规定，学生们星期一要穿校服。
	根据史书的记载，春秋时期有一百多个国家。
曾经	朴大宇小时候曾经来过北京。
	孙武曾经当过齐国和吴国的将军。
把……动词 + 成	老师把志愿者分成两组，一组去中学，一组去小学。
	大岛希望把这部有名的话剧翻译成日文。
按	李大为每天都按老师说的读五遍课文。
	你要按将军的要求去做。
把……动词 + 补语	丽丽不小心把公司的电脑弄坏了。
	朴大宇一晚上就把这30个生词都记住了。
虽然（2）	虽然训练的对象是宫中的美女，可是军法还是很严明。
	虽然队长是大王的妻子，可是孙子还是按军法处死了她们。

短文二　《孙子兵法》

8-5
（一）听第一遍，简单回答问题

1. 孙子写的书叫什么？
2. 这本书里面有多少篇？

8-5
（二）听第二遍，用括号中的词语说出两三个句子，不少于20字

1. 这本书是关于什么的书？（理论）
2. 孙子在书中谈到了哪些理论？（解决　短时间　了解对方和自己　进攻）
3. 你能不能说出书中的原话？（百战不殆）

第8课　孙子和《孙子兵法》

（三）谈一谈孙子这部书的主要内容

要求：说6～8个句子，不少于60字。使用下面的词语和常用表达。
词语参考：解决　研究　策略　短时间　了解对方也了解自己
　　　　　没有准备　进攻
常用表达参考：通过　既……也……

（四）读下面的短文，跟你说的进行比较

> 孙子认为，如果可以不通过战争解决问题是最好的。如果必须打仗，就要研究军事策略，而且要尽可能在短时间内结束战争。为了打胜仗，既要了解对方也要了解自己。这叫"知彼知己，百战不殆"。而且，要在对方没有准备的时候进攻。

◇ 常用词语和表达

【介绍事情】

常用词语和表达	例　句
关于	这部电影是关于什么的？
	朴大宇喜欢看关于中国历史的电影。
通过	回国以后，朴大宇希望通过看书提高中文水平。
	李大为通过爸爸的同事认识了不少中国学生。
必须	这个专业的学生必须要学习一门外语。
	要得到这份工作，必须要有工作经验。
要在……（时间）内	要在短时间内提高听力水平不那么容易。
	这项工作要在一周内完成。
既……又/也……	李大为在中文课上既学听说读写，又学书法。
	小张觉得，登山既可以锻炼身体，又可以放松自己。
既不……也不……	这本书里的文章既不长，也不短，一节课学一篇正合适。
	朴大宇每天学习30个生词，他觉得既不太多，也不太少，挺合适。

短文三　《孙子兵法》和它的影响

（一）听第一遍，简单回答问题

1. 《孙子兵法》在国外有没有影响？
2. 在哪里可以找到外文版的《孙子兵法》？

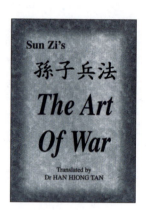

（二）听第二遍，用括号中的词语说出两三个句子，不少于20字

1. 《孙子兵法》主要有哪几种外文版本？（或者）
2. 《孙子兵法》对哪些活动有影响？（军事活动　商业活动）
3. 请你解释一下"攻其无备，出其不意"是什么意思。（没有准备　进攻）

（三）说说孙子的军事理论对现在有什么影响

要求：说6~8个句子，不少于60字。使用下面的词语和常用表达。
词语参考：翻译介绍　不少语言版本　大学　开设　课程
　　　　　方法　策略　军事活动　商业活动
常用表达参考：被　"攻其无备，出其不意"　比如

（四）读下面的短文，跟你说的进行比较

> 　　《孙子兵法》被翻译介绍到国外之后，有不小的影响。在国外的书店，可以找到不少语言版本的《孙子兵法》。国外有的大学还开设了这方面的课程。书中提到的方法和策略，被用在了军事活动和商业活动中，比如"攻其无备，出其不意"什么的。

◇ **常用词语和表达**

【谈论语言文化】

常用词语和表达	例　句
无论 / 不论 / 不管 ……都	孔子无论在中国还是在世界上，都挺有名。 无论是过去还是现在，《孙子兵法》都有影响。

第 8 课　孙子和《孙子兵法》

（续表）

常用词语和表达	例　句
被翻译/介绍+到/成	老子的《道德经》也被翻译成了很多种语言。
	中国的京剧已被介绍到不少国家。
有的……有的……还有的……	学习汉语的学生中，有的希望来中国做生意，有的希望交中国朋友，还有的想当中文老师。
	王红的同学们有的去中小学辅导学生们功课，有的去博物馆做讲解员，还有的去公司实习。
除了……还/也……	《史记》除了英文版，还有日文版和韩文版。
	除了孙子，老子、孔子、庄子在世界上也很有影响。
比如	学习汉语的外国学生对中国文化，比如书法、武术、中国画什么的也很有兴趣。
	一些中国菜，比如麻婆豆腐、宫保鸡丁、饺子，在外国越来越有名。
已经成为	中文已经成为商业活动中比较重要的语言。
	上海已经成为中国物价最高的城市。

综合练习

一　请你根据听过的三段短文填表

	姓名	生卒年月	特长	著作
孙子				

75

	最好的方法	如果必须打仗
孙子的军事理论		
孙子名言	1. 不知彼，不知己，每战必殆。	

二 说一说

◎ **小组活动**

根据上面的表格和下面给出的参考词语和常用表达，谈一谈：

（1）孙武带兵的故事；

（2）孙武的军事理论；

（3）《孙子兵法》对世界的影响。

要求：一名同学先说8~10个句子，不少于80字；然后小组其他同学补充；最后由一名同学总结，说10~12个句子，不少于100字。

词语参考：军事家　认为　军法　吴王　训练　美女　制定　不严肃　处死
　　　　　任命　解决　研究　策略　短时间　没有准备　进攻　翻译介绍
　　　　　不少语言版本　大学　开设　课程　方法　策略　军事活动
　　　　　商业活动

常用表达参考：通过　被　把　"攻其无备，出其不意"
　　　　　　　既了解对方也了解自己

◎ **拓展练习**

说一说：

（1）你喜欢的历史人物；

（2）这个人的生平；

（3）他对国家或世界有什么影响。

要求：

（1）使用这一课学过的词语和常用表达；

（2）说10~12句，不少于100字。

第9课 北方菜和南方菜

听力录音

词语

9-1

1	土豆*	tǔdòu	名	potato
2	蔬菜	shūcài	名	vegetable
3	早茶	zǎochá	名	dim sum
4	凉拌	liángbàn	动	cold tossed
5	青菜	qīngcài	名	green vegetable
6	酸辣汤	suānlàtāng	名	hot and sour soup
7	涮*	shuàn	动	to boil instantly
8	口味*	kǒuwèi	名	taste
9	渐渐	jiànjiàn	副	gradually
10	黄瓜	huángguā	名	cucumber
11	炖*	dùn	动	to stew
12	夜宵	yèxiāo	名	late-night snack
13	大排档*	dàpáidàng	名	food stalls
14	聚会	jùhuì	动	to get together
15	聚餐*	jùcān	动	to have a dinner party
16	休闲	xiūxián	动	to recreate
17	豆角	dòujiǎo	名	french bean

77

18	不光	bùguāng	连	not only
19	取代	qǔdài	动	to replace
20	季节	jìjié	名	season
21	种类	zhǒnglèi	名	kind; type
22	普遍	pǔbiàn	形	common; universal
23	年轻	niánqīng	形	young
24	一般	yìbān	形	usually
25	数量	shùliàng	名	amount; quantity
26	增加	zēngjiā	动	to increase
27	方式*	fāngshì	名	method; style

词语理解

 9-2 一 听词语。听第一遍，从图片中选择你听到的词语，并标上序号；听第二遍，跟读

A

B

C

D

E

F

第9课　北方菜和南方菜

G

1. ____　2. ____　3. ____　4. ____　5. ____　6. ____　7. ____

听说句子

一　听句子，判断对错

1. 大家喜欢的味道不一样。　　　　　　　　　　　　（　）
2. 朴大宇每天都和中国人一起上课。　　　　　　　　（　）
3. 王红的习惯和以前不一样了。　　　　　　　　　　（　）
4. 现在大家不常出去吃饭了。　　　　　　　　　　　（　）
5. 小陈没做热菜。　　　　　　　　　　　　　　　　（　）
6. 土豆、黄瓜是大家喜欢吃的。　　　　　　　　　　（　）
7. 他们现在吃晚饭。　　　　　　　　　　　　　　　（　）
8. 南方在街上吃饭的地方很多，菜也很好吃。　　　　（　）
9. 小张要开会。　　　　　　　　　　　　　　　　　（　）
10. 人们有空儿的时候喜欢一起吃饭。　　　　　　　　（　）

听说短文

短文一　　北京人常吃什么

（一）听第一遍，简单回答问题

1. 小陈是哪儿的人？
2. 小陈是什么时候来北京的？
3. 北京人不喜欢吃什么菜？

（二）听第二遍，用括号中的词语说出两三个句子，不少于20字

1. 北京人夏天喜欢吃哪些菜？（凉拌）
2. 北京人冬天喜欢吃哪些菜？（炖）
3. 北京人还喜欢吃什么菜？（涮）

（三）说说北京人喜欢吃什么菜

要求：说6～8个句子，不少于60字。使用下面的词语和常用表达。
词语参考：绿叶菜　土豆　豆角　西红柿　夏天　冬天　凉拌　炖　涮　取代
常用表达参考：不光

第 9 课　北方菜和南方菜

（四）读下面的短文，跟你说的进行比较

> 北京人吃绿叶菜不太多。夏天常吃凉拌菜，比如凉拌黄瓜、西红柿。冬天吃炖菜，比如白菜炖豆腐。北京人还特别喜欢吃涮羊肉。现在，北京人不光涮羊肉，也涮鱼肉、牛肉和蔬菜什么的。

◇ 常用词语和表达

【谈论习惯与爱好】

常用词语和表达	例　句
也	在北京的时间长了，认识的人多了，生活也越来越有意思了。
	和中国人聊天儿，开始的时候听不太懂，也说不出什么，几个月过去了，能听懂的越来越多，和中国人聊天儿也不那么难了。
什么的	大岛的爱好很多，弹琴、看话剧什么的，她都喜欢。
	小张爱运动，游泳、打球什么的都会。
不光……还……	常和小张一起爬山的，不光有他的同学，还有他的同事。
	李大为不光爱吃中国菜，还会做几个中国菜。
当然	小陈觉得做北方菜花时间少，忙的时候她就常做北方菜。当然，如果有时间，她还是喜欢炖点儿汤。
	朴大宇已经适应了北京的生活，中文也有了一些进步。当然，他有时候也很想家，想妈妈做的菜。
可以说	来客人吃饺子，过春节也吃饺子，可以说，饺子对北方人来说是一种很重要的食品。
	朴大宇第一次来中国，看到街上有很多饭馆儿，每次去饭馆儿吃饭，里面的客人都很多。他想，要是来中国开饭馆儿，一定能赚很多钱。所以，朴大宇在大学选了中文。可以说，他学中文是为了来中国做生意。

短文二　　北方人不爱喝汤吗

9-5

（一）听第一遍，简单回答问题

1. 小陈在家的时候，她妈妈常给她做什么？
2. 北京人每顿饭都喝汤吗？
3. 小陈学校的食堂常卖什么汤？

9-5

（二）听第二遍，用括号中的词语说出两三个句子，不少于20字

1. 妈妈觉得喝汤怎么样？（有好处）
2. 小陈生病的时候，她妈妈为什么给她炖汤？（快一点儿）
3. 广东人做汤和北京人有什么不同？（种类　时间）

（三）说说北方人做汤和广东人有什么不同

要求：说6～8个句子，不少于60字。使用下面的词语和常用表达。
词语参考：季节　不同　种类　西红柿　酸辣汤　冬瓜丸子　花　炖
常用表达参考：而且　对……有好处

（四）读下面的短文，跟你说的进行比较

　　北方人做的汤，种类不多，常做的几种汤是西红柿鸡蛋汤、酸辣汤、冬瓜丸子汤。广东人做的汤种类就多多了，而且季节不同，汤的种类也不同。如果一个人生病了，家人也会炖一些对病人身体有好处的汤。不仅如此，广东人炖汤往往要花上几个小时。

第9课 北方菜和南方菜

◇ 常用词语和表达

【谈看法和建议】

常用词语和表达	例　句
只要……就……	只要多花点儿时间，炖出来的汤就好喝。
	只要早一点儿起床，就能吃上早饭。
各种各样	图书馆有各种各样的中文书，朴大宇很喜欢去看。
	李大为在餐馆儿打工，每天接触各种各样的人。
动词+起来（2）	炸酱面做起来不难，吃起来也很好吃。
	这几首歌很好听，学起来也挺容易。
对……（没）有好处（3）	晚饭少吃一点儿，对身体有好处。
	多听多说，对练习中文发音有好处。
形容词+一点儿	今天考试，李大为想早一点儿去学校。
	时间不早了，我们快一点儿走吧。
而且	小陈觉得北方菜也很好吃，而且做起来容易一些。
	丽丽现在骑车去公司，比坐公共汽车方便，而且可以锻炼身体。

短文三　　南方人爱喝早茶，爱吃大排档

（一）听第一遍，简单回答问题

9-6

1. 小陈刚来北京的时候，有什么发现？
2. 现在有没有变化？
3. 北京人一般什么时候聚餐？

（二）听第二遍，用括号中的词语说出两三个句子，不少于20字

  1. 广东人有什么习惯？（大排档）
  2. 广东人和亲友什么时候聚餐？吃什么？（点心）
  3. 北京人喝早茶吗？（随着）

（三）说说北京人和广东人吃饭的习惯有什么不同

  要求：说6～8个句子，不少于60字。使用下面的词语和常用表达。
  词语参考：夜宵 早茶 聚餐 大排档 休闲方式 增加
  常用表达参考：随着 不像……那样

（四）读下面的短文，跟你说的进行比较

>   以前，北京人不像广东人那样爱吃夜宵，而广东人晚上常常吃大排档。现在的北京年轻人晚上也去簋街、后海吃夜宵。广东人常约亲友喝早茶，北京人聚餐一般选中午或晚上。现在，随着广东餐馆儿的增多，喝早茶也成了北京人的一种休闲方式。

◇ 常用词语和表达

【谈习惯和爱好】

常用词语和表达	例　句
刚……的时候	刚来中国的时候，朴大宇不习惯北京的天气。 刚进合唱团的时候，大岛觉得记歌词特别难。
不怎么	朴大宇觉得看懂中文不怎么难，可是听懂就不容易了。 大岛会弹钢琴，也爱听音乐，可是来中国以前不怎么喜欢唱歌。
特别是	李大为觉得学汉语不容易，特别是写汉字，更难。 北方人喜欢吃面食，特别是饺子和面条儿。 小张喜欢体育运动，特别是登山。

第9课　北方菜和南方菜

（续表）

常用词语和表达	例　句
一般	北方人早饭一般吃得比较多。 只要有时间，小张周末一般都去登山。
随着	随着年龄的增长，李大为对汉语的兴趣越来越大。 随着收入的增加，去饭馆儿吃饭不再是新鲜事。 随着汉语水平的提高，朴大宇越来越想了解中国文化。

综合练习

一　请你根据听过的三段短文填表

	常吃什么	不常吃什么	有什么变化
北方人			
	常做什么	有什么特别的饮食习惯	
南方人			

二　说一说

◎小组活动

根据上面的表格和下面给出的参考词语和常用表达，谈一谈：

（1）北京人常吃什么；
（2）南方人的特色饮食；
（3）南方人和北方人的饮食习惯。

要求：一名同学先说出8~10个句子，不少于80字；然后小组其他同学补充；最后
　　　由一名同学总结，说10~12个句子，不少于100字。
词语参考：土豆　黄瓜　豆角　凉拌　炖　酸辣汤　黄瓜汤　季节
　　　　　夜宵　早茶　聚餐　大排档　增加　花
常用表达参考：对……有好处　快一点儿

◎ **拓展练习**

说一说：
（1）你喜欢吃哪些菜；
（2）在你们国家，有什么特别的节日食品；
（3）你自己做饭不做饭，你一般在哪儿吃饭。
要求：
（1）使用这一课学过的词语和常用表达；
（2）说10~12句子，不少于100字。

第 10 课 中国人喜欢聚餐

听力录音

词语

10-1

1	穿戴	chuāndài	动	to dress
2	整齐	zhěngqí	形	tidy; neat
3	商量	shāngliang	动	to consult
4	碰	pèng	动	to come across
5	实习	shíxí	动	to do internship
6	答应	dāying	动	to agree; to promise
7	厨师	chúshī	名	cook; chef
8	收入	shōurù	名	income
9	社交	shèjiāo	名	social intercourse
10	费用*	fèiyong	名	expense
11	分摊	fēntān	动	to share; to split the bill
12	调查*	diàochá	动	to do survey; to investigate
13	功课	gōngkè	名	homework
14	同乡	tóngxiāng	名	countrymen; a person from the same province, town or village
15	普通*	pǔtōng	形	ordinary
16	花费	huāfèi	动	to spend

87

17	负担	fùdān	动	to bear
18	请客*	qǐng kè		to invite somebody to dinner; to entertain guests
19	增多	zēngduō	动	to increase
20	特色	tèsè	名	distinguishing feature
21	比例	bǐlì	名	proportion
22	行为	xíngwéi	名	behavior
23	大饱口福	dà bǎo kǒufú		to eat to one's heart's content
24	距离*	jùlí	名	distance
25	追求	zhuīqiú	动	to pursue
26	和谐	héxié	形	harmonious
27	相处	xiāngchǔ	动	to get along

词语理解

10-2

一 听词语。听第一遍，从图片中选择你听到的词语，并标上序号；听第二遍，跟读

A

B

第10课　中国人喜欢聚餐

C 　　D

1. ____　2. ____　3. ____　4. ____

听说句子

一　听句子，判断对错

10-3

1. 丽丽要加班。　　　　　　　　　　　　　　　　　　　（　　）
2. 翻译哪篇小说，大岛想和同学商量商量。　　　　　　　（　　）
3. 朴大宇和高中同学一起来北京了。　　　　　　　　　　（　　）
4. 张华已经正式开始工作了。　　　　　　　　　　　　　（　　）
5. 小李也去爬山。　　　　　　　　　　　　　　　　　　（　　）
6. 老张在食堂工作。　　　　　　　　　　　　　　　　　（　　）
7. 小张挣的钱不少。　　　　　　　　　　　　　　　　　（　　）
8. 小张常常和朋友一起玩儿。　　　　　　　　　　　　　（　　）
9. 丽丽常请同事去饭馆儿吃饭。　　　　　　　　　　　　（　　）
10. 调查结果是，越来越多的人希望在家里吃年夜饭。　　（　　）

听说短文

短文一　周五晚上咱们聚聚怎么样

（一）听第一遍，简单回答问题

10-4

1. 张华上几年级？
2. 他星期几不忙？
3. 小刘去做什么？

89

（二）听第二遍，用括号中的词语说出两三个句子，不少于20字

1. 张华平时要做哪些事？（开车　实习）
2. 这星期五晚上张华是怎么安排的？（四川餐馆儿　高中老师和同学）
3. 张华喜欢不喜欢同学聚会？（好好儿）

（三）介绍一下张华

要求：说6~8句子，不少于60字。使用下面的词语和常用表达。
词语参考：不够用　找　学　放松　二年级　星期五　四川餐馆儿
常用表达参考：还要　聚聚

（四）读下面的短文，跟你说的进行比较

> 张华是大学二年级的学生。他要上课，要找实习单位，还要学习开车。他总是觉得时间不够用。可是他觉得星期五晚上应该放松。这个星期五晚上，他和高中同学要和高中老师在一家四川餐馆儿聚餐，他想好好儿和老师、同学们聚聚。

◇ 常用词语和表达

【谈论时间和安排】

常用词语和表达	例　句
还要	李大为星期六上中文学校，星期天还要参加篮球比赛。
	张红星期一到星期三考试，星期四要去面试，周末还要去实习。
就是	王红每年都和同学们一起过生日，后天就是她的生日，同学们想送给她一件特别的礼物。
	小陈家每年除夕都做很多菜，明天就是除夕了，小陈又可以大饱口福了。
动词重叠	聚会的时候，大家好好儿聊聊。
	这个周末我不想出去，打算在家里看看书，休息休息。

第 10 课　中国人喜欢聚餐

（续表）

常用词语和表达	例　句
一 + 单音节动词	我到了饭馆儿，等了半天，同学们都没来。打电话一问，才知道聚餐时间是明天。
	我收到一条短信，一看，是张华告诉我星期日聚会。

短文二　年轻人喜欢聚餐

10-5

（一）听第一遍，简单回答问题

1. 过去人们为什么不常去饭馆儿吃饭？
2. 现在为什么出去吃饭的次数多了？
3. 对年轻人来说，聚餐重要吗？

10-5

（二）听第二遍，用括号中的词语说出两三个句子，不少于20字

1. 过去，人们结婚常常在哪里请客？（厨师）
2. 现在，哪些活动安排在餐馆儿进行？（喜庆）
3. 一般来说，聚餐的费用谁付？（分摊）

（三）和过去相比，人们为什么去餐馆儿的越来越多了？

要求：说6～8个句子，不少于60字。使用下面的词语和常用表达。
词语参考：收入　增加　社交活动　喜庆活动　聚会　进行
　　　　　根据调查　年轻人
常用表达参考：负担不起　更是　一般来说

（四）读下面的短文，跟你说的进行比较

　　过去，人们收入少，一般在家里自己做饭。如今，人们收入多起来了，而且社交活动也多了。各种聚会和喜庆活动往往选在饭馆儿进行。根据调查，60%的年轻人认为聚餐是重要的社交活动之一。

91

◇ 常用词语和表达

【说明情况】

常用词语和表达	例　　句
动词 + 不起	小张小时候常常走山路，可是家里没钱，买不起好的运动鞋。
	那家餐厅的菜太贵，学生们一般吃不起。
连……都/也……	小张工作很忙，有时连周末也要加班。
	朴大宇喜欢做中国菜，她会做面条儿，连包饺子都会。
更是	这家饭馆儿的菜很受欢迎，平时来吃饭的人就很多，周末的时候更是这样。
	这个学校的学生学习很努力，不上课的时候，他们都去图书馆学习，期末考试那两个星期更是这样。
……等	北京人喜欢吃的有黄瓜、西红柿、豆角等。
	合唱团唱的歌很多，有《茉莉花》《康定情歌》《四季歌》等。
一般来说	一般来说，人们愿意在饭馆儿请客，要是很好的朋友，也会请到家里。
	一般来说，音乐理论课不太容易受学生欢迎，可是李老师教得很有意思。

短文三　　聚餐是中国人最重要的社交活动

（一）听第一遍，简单回答问题

10-6

1. 中国人喜欢的社交活动有几种？
2. 人们最喜欢哪种？
3. 人们喜欢运动吗？

（二）听第二遍，用括号中的词语说出两三个句子，不少于20字

10-6

1. 中国人最喜欢的社交活动是什么？（聚餐）

2. 喜欢唱歌的比例是多少？（百分之）

3. 人们为什么喜欢聚餐？（大饱口福 和谐）

（三）请介绍一下中国人最喜欢的三种社交活动

要求：说8～10个句子，不少于80字。使用下面的词语和常用表达。

词语参考：显示 体育活动 聚餐 唱卡拉OK 比例 分别
　　　　　大饱口福 拉近 距离

常用表达参考：从……来说

（四）读下面的短文，跟你说的进行比较

> 调查显示，中国人最喜欢的社交活动分别是聚餐、体育活动和唱卡拉OK。比例分别是46.4%、13%和12.12%。聚餐可以大饱口福，从文化上来说，也拉近了人与人之间的距离。

◇ 常用词语和表达

【说明情况】

常用词语和表达	例　句
显示	调查显示，有60%的中老年人不愿意去饭馆儿吃饭。
	分析显示，年轻人希望通过聚餐让更多的人了解自己。
其中	上个月，我们做了一次1000人参加的调查，其中有10%的人不愿意在30岁以前结婚。
	北京的饭馆儿不少，其中有不少是四川风味的。
其次	在这所大学，学生们最喜欢的外语课是西班牙语，其次是汉语。
	来北京留学的外国学生最多，其次是上海。
分别	希望生一个孩子和两个孩子的人分别占60%和20%。
	北京人最喜欢的运动分别是爬山、骑自行车和打篮球。

（续表）

常用词语和表达	例　句
大饱口福/ 眼福/耳福	每次回家，小陈都可以大饱口福。 这次展览展出的都是有名的中国山水画，我们可以大饱眼福。 上周几位有名的京剧演员来这里演出，同学们大饱了耳福。
从……来说	从生活方面来说，住在大城市确实要方便一些。 从人数上来说，在北京学习的外国留学生最多。

综合练习

一　请你根据听过的三段短文填表

中国人聚餐情况调查		
过去	收入低，一般	办婚宴
现在	人们最喜欢的三种社交活动是 其中，最受欢迎的是 原因是：1.	2.

二 说一说

◎ **小组活动**

根据上面的表格和下面给出的参考词语和常用表达，谈一谈：

（1）以张华为例，说说大学生的社交活动；

（2）对比过去和现在，现在人们为什么常常出去吃饭；

（3）中国人最喜欢的社交活动，为什么聚餐排在第一位。

要求：一名同学先说8～10个句子，不少于80字；然后小组其他同学补充；最后由
　　　一名同学总结，说10～12个句子，不少于100字。

词语参考：时间不够用　上课　实习　放松　聚会　收入　增加
　　　　　比例　和谐相处　大饱口福

常用表达参考：从……来说　连……也……　分别　其中　其次　一般来说

◎ **拓展练习**

说一说：

（1）你的社交活动有哪些；

（2）在你们国家，人们喜欢不喜欢出去吃饭；

（3）你们国家受欢迎的社交活动有哪些。

要求：

（1）使用这一课学过的词语和常用表达；

（2）说10～12个句子，不少于100字。

第 11 课 原来他们是关心我

听力录音

词语

11-1

1	打招呼	dǎ zhāohu		to greet
2	拥抱*	yōngbào	动	to hug
3	鞠躬	jū gōng		to bow
4	握手	wò shǒu		to shake hands
5	问候*	wènhòu	动	to greet
6	点头	diǎn tóu		to nod
7	俗语	súyǔ	名	saying
8	管	guǎn	动	to take care of
9	离	lí	动	to be away from
10	交通*	jiāotōng	名	traffic; transportation
11	方便	fāngbiàn	形	convenient
12	风和日丽	fēnghé-rìlì		warm and sunny spring days
13	关心	guānxīn	动	to care for
14	瘦*	shòu	形	thin; skinny
15	说实话	shuō shíhuà		to tell the truth; frankly speaking
16	亲戚*	qīnqi	名	relative
17	串门	chuàn mén		to call at sb's home

第11课 原来他们是关心我

18	冻	dòng	动	to freeze
19	急于	jíyú	动	to be eager to
20	脱	tuō	动	to take off
21	过早	guòzǎo	形	far too early
22	厚	hòu	形	thick;warm (clothes)
23	远亲	yuǎnqīn	名	distant relative

俗 语

1	春捂秋冻	chūn wǔ qiū dòng	It is necessary for us to muffle ourselves up in warm clothes in early spring and unnecessary to do so in early autumn.
2	饱吹饿唱	bǎo chuī è chàng	It is better to sing before eating and play wind instrument after eating.
3	远亲不如近邻	yuǎnqīn bùrú jìnlín	A far-off relative is not as helpful as a near neighbor.

词语理解

一 听词语。听第一遍，从图片中选择你听到的词语，并标上序号；听第二遍，跟读

11-2

A 　　B

C  D

1. ____   2. ____   3. ____   4. ____

听说句子

 一　听句子，判断对错

11-3

1. 中国人常常说"你好"。　　　　　　　　　　（　）
2. 李大为喜欢吃饺子。　　　　　　　　　　　（　）
3. 我们不认识。　　　　　　　　　　　　　　（　）
4. 她们关系很不错。　　　　　　　　　　　　（　）
5. 朴大宇没有跟老师打招呼。　　　　　　　　（　）
6. 中国大部分小学生学习外语。　　　　　　　（　）
7. 大岛喜欢学习书面语。　　　　　　　　　　（　）
8. 他们知道的事很多。　　　　　　　　　　　（　）
9. 邻居对他很好。　　　　　　　　　　　　　（　）
10. 李明的爸爸妈妈关系很好。　　　　　　　　（　）

听说短文

短文一　中国人打招呼时常说"你好"吗

 （一）听第一遍，简单回答问题

11-4

1. 马克第一天学汉语，学的是什么？
2. 来中国以后，他有什么新发现？

3. 他问了老师什么问题？

（二）听第二遍，用括号中的词语说一说，不少于30字

11-4

1. 来中国以后，他看到了什么，听到了什么？（微笑　拥抱）
2. 老师说，中国人怎么打招呼？（不熟悉的人　时间不紧张　停下来）

（三）马克看到中国人见面怎么问候，老师是怎么说的

要求：说6~8个句子，不少于60字。使用下面的词语或常用表达。
词语参考：发现　微笑　熟悉的人　时间紧张　聊几句
常用表达参考：不一定　点头　如果……，或是……的话

（四）读下面的短文，跟你说的进行比较

> 马克来中国以后发现，中国人见面的时候不是每次都说"你好"，有时候微笑，有时候点点头。李老师说，如果不是特别熟悉的人，见面时说"你好"。如果很熟悉，时间也不紧张，会聊几句。

◇ 常用词语和表达

【说明情况】

常用词语和表达	例　句
不一定	李大为觉得自己的汉语不太好，现在去中国留学不一定好。
	坐地铁去吧，这个时候坐出租车不一定快。
只是	我只是听别人说过，没有见过。
	有时候一个人说"有空儿一起吃饭"，可能只是客气话，不一定真的想一起吃饭。
点头	点点头也是一种问候的方式。
	点一下头也是一种打招呼的方式。
	我对他说"你好"，他对我点了点头。

常用词语和表达	例　　句
极少	以前，中国人收入不高，去饭馆儿吃饭的极少。
	在北京，中学生们中午一般都在学校吃饭，回家吃饭的极少。
如果……，或是……的话	如果天气好，或是大家都有时间的话，全家人就一起去登山。
	如果不太忙，或是高兴的话，就会出去喝一杯。
停下来	同学们都在忙着复习，累了也停下来聊两句。
	大家停下来休息一下，喝点儿茶吧。
	各位，先停下来，大家说说明天怎么安排。

短文二　　我住进了中国人家里

（一）听第一遍，简单回答问题

11-5

1. 第一个学期马克住在哪儿？
2. 后来马克住在哪儿？
3. 马克晚上一般在哪儿吃饭？

（二）听第二遍，用括号中的词语说出两三个句子，不少于20字

11-5

1. 马克为什么搬家了？（留学）
2. 那家有什么人？（表弟）
3. 马克怎么去学校？（骑　坐）

（三）介绍一下马克在中国的住宿情况

要求：说6~8个句子，不少于60字。使用下面的词语和常用表达。

词语参考：第一学期　留学　表弟　王亮　住

常用表达参考：后来　……家有……　住在一个房间　极了

第 11 课　原来他们是关心我

（四）读下面的短文，跟你说的进行比较

> 马克在中国的第一个学期住在学校宿舍，后来他的中国朋友李明出国留学，他就住到了李明家。马克和李明的表弟王亮住一个房间。李明家离学校不远，他一般骑自行车；天气好的话，也走路；天气不好的话，就坐公共汽车。总之交通方便极了。

◇ 常用词语和表达

【说明情况】

常用词语和表达	例　句
后来	李大为学了一年法文。后来，他到了新的学校，就选了中文。
	马克小时候住在法国，后来搬到了英国。
就	小张周六去爬山，我也有时间，就跟他一起去了。
	同学们周五晚上聚餐，我有点儿累，就没有去。
……家有……	朴大宇家有爸爸、妈妈，还有一个妹妹。
	马克家有爷爷、奶奶、爸爸、妈妈，还有两个弟弟。
住（在）一个房间	李大为从小就一个人住（在）一个房间。
	王红和另外三名同学住（在）一个房间。
离……远/不远	小陈在北京工作，离她的老家很远。
	大岛的宿舍离教室有点儿远，她常骑自行车去上课。
极了	那家餐厅的菜不贵，而且好吃极了。
	马克喜欢交朋友，他的朋友多极了。

短文三　　原来他们是关心我

（一）听第一遍，简单回答问题

1. 开始的时候，马克住在李明家习惯吗？
2. 吃晚饭的时候，李妈妈常说什么？
3. 后来，马克明白了什么？

（二）听第二遍，用括号中的词语说出两三个句子，不少于20字

1. 马克为什么有点儿不高兴？（管）
2. 大家常对年轻人说什么？（冷　多）
3. 后来马克为什么很高兴？（俗语　文化）

（三）说说马克明白了什么

要求：说6～8个句子，不少于60字。使用下面的词语或常用表达。
词语参考：习惯　瘦　冷　邻居　亲戚　年轻人　明白　关心
　　　　　了解　俗语　文化
常用表达参考：管得　　渐渐得

（四）读下面的短文，跟你说的进行比较

　　马克刚开始住得不太习惯，他觉得中国爸爸妈妈管得多，他们常说"你瘦，多吃点儿""天冷，多穿点儿"。后来，他和中国家人的邻居、亲戚见面，听到他们也常常对年轻人说这些话，明白他们是关心他。学了一些俗语，了解了中国文化，他很高兴。

第 11 课　原来他们是关心我

◇ 常用词语和表达

【谈自己的想法】

常用词语和表达	例　句
有些	四川菜很辣，大岛有些不习惯。
	马克对张华说"你好"，张华什么也没说，马克有些不高兴。
对	朴大宇的中国朋友对他很照顾。
	大岛一个人在北京学习，她的家人对她有些不放心。
动词＋得（2）	小陈春节回家，亲戚们问她"有没有男朋友""每个月挣多少钱"，小陈觉得他们问得有点儿多。
	老师对朴大宇说，他中文作文写得不太好，是因为书看得有点儿少。
多＋动词＋数词＋量词＋名词	今天人多，咱们多点两个菜吧。
	老师让李大为多念几遍课文。
渐渐地	渐渐地，马克习惯了中国人打招呼的方式。
	渐渐地，李老师的学生都喜欢上了古典音乐。

综合练习

一　请你根据听过的三段短文填表

	说	有时候	遇到熟人或是不赶时间	其他
中国人怎么打招呼				
中国人怎么表示关心			说	

（续表）

	住宿	吃饭	交通
住在中国人家里怎么样			

二 说一说

◎ 小组活动

根据上面的表格和下面给出的参考词语和常用表达，谈一谈：

（1）中国人打招呼的方式；

（2）在马克眼里，中国人怎么对别人表示关心；

（3）马克在李明家住得怎么样。

要求：一名同学先说8~10个句子，不少于80字；然后小组其他同学补充；最后由一名同学总结，说10~12个句子，不少于100字。

词语参考：发现　微笑　熟悉的人　时间紧张　聊几句　习惯　管　瘦　冷
　　　　　多　邻居　亲戚　年轻人　明白　关心　了解　俗语　文化
　　　　　第一学期　留学　表弟　住　离　走路

常用表达参考：点点头　后来　如果……的话　极了

◎ 拓展练习

说一说：

（1）你们国家的人怎么打招呼；

（2）你上大学的时候住在哪里，住得怎么样；

（3）你们国家的人怎么表示对别人的关心。

要求：

（1）使用这一课学过的词语和常用表达；

（2）要求说10~12个句子，不少于100字。

第 12 课　散　步

听力录音

词语

12-1

1	宽阔	kuānkuò	形	wide
2	池塘	chítáng	名	pond
3	背*	bēi	动	to carry
4	散步	sàn bù		to take a walk
5	摸*	mō	动	to touch; to feel
6	本来	běnlái	副	originally
7	突然	tūrán	形	sudden
8	分歧	fēnqí	名	difference; dispute
9	取决（于）	qǔjué (yú)	动	to be decided by
10	强壮	qiángzhuàng	形	strong; robust
11	稳	wěn	形	steady
12	愿意	yuànyì	动	to be willing
13	稍微	shāowēi	副	a little
14	疲劳*	píláo	形	tired
15	尽量*	jǐnliàng	副	to do one's best
16	信服	xìnfú	动	to trust; to be convinced
17	便*	biàn	副	therefore

105

18	叫	jiào	动	to call; to shout
19	发生	fāshēng	动	to happen
20	责任	zérèn	名	responsibility
21	陪伴	péibàn	动	to accompany
22	改	gǎi	动	to change; to correct
23	主意	zhǔyi	名	idea
24	金色	jīnsè	名	golden
25	行	háng	量	row
26	阳光	yángguāng	名	sunshine
27	蹲	dūn	动	to squat

词语理解

 一 听词语。听第一遍，从图片中选择你听到的词语，并标上序号；听第二遍，跟读

12-2

A

B

C

D

E

第 12 课　散　步

F 　　G

1. ____　2. ____　3. ____　4. ____　5. ____　6. ____　7. ____

听说句子

12-3

一　听句子，判断对错

1. 妈妈一直不喜欢出去。　　　　　　　　　　　　（　）
2. 学校前面是一条大路。　　　　　　　　　　　　（　）
3. 我们给爸爸买的是裤子。　　　　　　　　　　　（　）
4. 我们没想到儿子会说话。　　　　　　　　　　　（　）
5. 我们的想法一样。　　　　　　　　　　　　　　（　）
6. 大家都听妈妈的。　　　　　　　　　　　　　　（　）
7. 爸爸拉着儿子的手。　　　　　　　　　　　　　（　）
8. 小张的身体更好了。　　　　　　　　　　　　　（　）
9. 爷爷的腿不好，走不了路。　　　　　　　　　　（　）
10. 画儿不要用手碰。　　　　　　　　　　　　　　（　）

听说短文

短文一　公园散步

12-4

（一）听第一遍，简单回答问题

1. 母亲本来愿意不愿意出门？
2. 母亲听谁的话？
3. 去散步的都有谁？

（二）听第二遍，用括号中的词语说出两三个句子，不少于20字

12-4

    1. 母亲开始时愿意出门吗？（疲劳）

    2. "我"怎么说的？（正因为）

    3. 他们为什么都笑了？（前面　后面）

（三）说说"我"怎么说服母亲的

    要求：说6～8个句子，不少于60字。使用下面的词语和常用表达。
    词语参考：本来　愿意　疲劳　应该　点头　出门　尽量
    常用表达参考：正因为　稍微　走远一点儿就　像……一样

（四）读下面的短文，跟你说的进行比较

> 　　天气很好，我想让母亲出去散步。本来母亲不愿意去，她说走远一点儿就觉得累。我说，正因为这样，更应该尽量多出去走走。母亲信服地点点头。他已经习惯了听从儿子。于是，我们一家四口出了门。

◇ 常用词语和表达

【情况描写】

常用词语和表达	例　句
本来	小张的同事本来不喜欢爬山，跟小张去了几次，也爱上了登山。
	大岛本来对唱歌不怎么感兴趣，参加合唱比赛以后，慢慢喜欢上了唱歌。
	小陈本来不太想参加聚会，可是好几个同学都给她打电话，她想了想，还是去了。
稍微 + 动词 + 一点儿	我不会喝酒，稍微喝一点儿就头疼。
	孩子不能吃凉的，稍微吃一点儿肚子就不舒服。
正因为……才……	正因为听力不好，才应该多听。
	正因为关心你，才想帮你。

第 12 课　散　步

（续表）

常用词语和表达	例　句
尽量	张华平时很忙，星期五晚上尽量让自己放松放松。 丽丽周末尽量自己做饭。
像……一样（2）	他们很关心我，就像家人一样。 那个地方的风景像画儿一样美。
突然	我去留学，是想了好久的，不是突然决定的。 登山的时候，突然下起雨来。

短文二　　走大路还是走小路

12-5

（一）听第一遍，简单回答问题

1. 母亲想走哪条路？
2. 儿子想走哪条路？
3. 妻子呢？

12-5

（二）听第二遍，用括号中的词语说出两三个句子，不少于20字

1. 母亲的想法和儿子的想法有什么不同？（宽阔　有意思）
2. 家人听谁的话？（取决于）
3. 想出了让母亲和儿子都高兴的办法了吗？为什么？（分成　不愿意）

（三）说说他们发生了什么分歧

要求：说6～8个句子，不少于60字。使用下面的词语和常用表达。
词语参考：母亲　儿子　大路　小路　有意思　宽阔　责任　愿意
常用表达参考：取决于　分成

（四）读下面的短文，跟你说的进行比较

> 母亲想走大路，大路宽阔。可是儿子想走小路，小路有意思。我的责任最大，因为都取决于我。如果分成两路，可能母亲和儿子都高兴，可是我不愿意把家人分开。

◇ 常用词语和表达

【情况描写】

常用词语和表达	例　句
发生	丽丽刚工作的时候，和同事也发生过不愉快，不过后来大家时常沟通，关系也好起来了。
	大岛进合唱团以后，发生了很多有意思的事，她很高兴自己进了合唱团。
取决于	去不去爬山取决于你。
	能不能学好取决于你是不是努力。
习惯	小张已经习惯每周去爬一次山了。
	李大为还没习惯用中文写日记。
总是	星期天早上，小陈总是和爸爸妈妈一起喝早茶。
	吃饭的时候，李明的妈妈总是对马克说"多吃点儿"。
分成	你们六个人分成两组，每组设计一个广告。
	我们分成两队，你们走大路，我们走小路，看哪队先到。
愿意	大家现在很愿意和小张一起去爬山。
	李大为小时候，爸爸妈妈问他愿意不愿意学中文，他说不太愿意。
	开始，同学们不愿意学音乐理论。

第12课　散　步

短文三　阳光下的一家人

12-6
（一）听第一遍，简单回答问题

1. "我"的决定是什么？
2. 母亲决定走哪条路？
3. 他们走的是哪条路？

12-6
（二）听第二遍，用括号中的词语说出两三个句子，不少于20字

1. "我"为什么不听儿子的？（陪伴　长　短）
2. 母亲为什么听"我"儿子的？（整齐　池塘　背）
3. 他们一家人走得快不快？大家感觉怎么样？（稳　美好）

（三）说说他们最后怎么决定的

要求：说6~8个句子，不少于60字。使用下面的词语和常用表达。
词语参考：陪伴　稳　长　多　整齐　花儿　池塘　树
常用表达参考：改主意　还是……吧　走不过去

（四）读下面的短文，跟你说的进行比较

　　我决定走大路，因为我陪伴母亲的时间不太多了，陪伴儿子的时间还很长。可是母亲改了主意。她说："走小路吧。前面有金色的花儿和整齐的树，还有小池塘。"最后，我们决定走小路。

◇ 常用词语和表达

【说明转变，叙述过程】

常用词语和表达	例　句
决定	张华他们决定在老师住的饭店附近聚会。
	寒假大岛决定不回家，把那篇小说翻译完。
改主意	母亲本来不想出门，听了儿子的话，改了主意。
	你说要学数学，没改主意吧？
还是……吧	还是吃饺子吧，大家一起包饺子，热闹。
	还是小陈去吧，小陈南方菜北方菜都会做。
再	往右拐，有一条小路，再往前走，有一家花店，花店对面就是小张的公司。
	顺着这条路一直往东走，走到图书馆前面往北拐，再走两三分钟就是食堂。
动词+不/得+过去	前面堵车，开不过去。
	前面水很深，骑得过去吗？
很……，很……	李大为每天晚上都念中文课文，念得很慢，很清楚。
	现在，丽丽做饭做得很快，也很好吃。

综合练习

一　请你根据听过的三段短文填表

	天气	"我"对母亲说	母亲说	"我"又对母亲说	母亲有什么反应
"我"说服母亲去散步					

第12课　散　步

（续表）

散步的时候	开始，　　　　　　在前面，　　　　　　在后面，
	后来，　　　　　母亲想　　　　　，儿子想　　　　，
	我决定，　　　　　　　　，可是母亲决定　　　　　。
	我们沿着小路走，到了不好走的地方，"我"　　　　，"我"妻子　　　　　　　　，我们　　　　　，感觉　　　　　　。

二 说一说

◎ 小组活动

根据上面的表格和下面给出的参考词语和常用表达，谈一谈：

（1）我怎么说服母亲一起去散步；

（2）散步的时候，我们发生了什么分歧；

（3）我们决定走哪条路。

要求：一名同学先说8~10个句子，不少于80字；然后小组其他同学纠正补充；最后由一名同学总结，说10~12个句子，不少于100字。

词语参考：天气　树　池塘　花儿　疲劳　整齐　美好　稳　宽阔　陪伴　听从　背

常用表达参考：总是　习惯　改主意　取决于　正因为　更应该

◎ 拓展练习

说一说你和家人在一起的一件事：

（1）大家打算做什么；

（2）发生了什么特别的事；

（3）你们是怎么解决的。

要求：

（1）使用这一课学过的词语和常用表达；

（2）说10~12个句子，不少于100字。

词语总表

A		
爱好 *	àihào	6
按 *	àn	8

B		
帮忙 *	bāng máng	3
帮助	bāngzhù	1
背 *	bēi	12
本来	běnlái	12
比例	bǐlì	10
毕业 *	bì yè	1
便 *	biàn	12
博物馆	bówùguǎn	2
不管	bùguǎn	7
不光	bùguāng	9
不知不觉	bùzhī-bùjué	2
布置	bùzhì	2

C		
参观	cānguān	2
曾经 *	céngjīng	8
策略	cèlüè	8
插	chā	2

吃惊 *	chī jīng	4
池塘	chítáng	12
充实	chōngshí	6
重复 *	chóngfù	3
出生 *	chūshēng	1
厨师	chúshī	10
处死	chǔsǐ	8
穿戴	chuāndài	10
串门	chuàn mén	11
吹	chuī	5
词语	cíyǔ	4
从小	cóngxiǎo	5

D		
答应	dāying	10
打败仗	dǎ bàizhàng	8
打胜仗	dǎ shèngzhàng	8
打仗	dǎ zhàng	8
打招呼	dǎ zhāohu	11
大排档 *	dàpáidàng	9
大饱口福	dà bǎo kǒufú	10
带兵打仗	dài bīng dǎ zhàng	8
担心 *	dān xīn	1

词语总表

登山	dēng shān	7
笛子	dízi	5
地道	dìdao	7
点（菜）	diǎn（cài）	4
点头	diǎn tóu	11
调查*	diàochá	10
冻	dòng	11
豆角	dòujiǎo	9
独生女	dúshēngnǚ	1
肚子	dùzi	7
蹲	dūn	12
炖*	dùn	9
顿	dùn	2

E

| 饿 | è | 4 |

F

发亮*	fā liàng	7
发生	fāshēng	12
发现	fāxiàn	4
发音	fāyīn	6
翻译	fānyì	6
方便	fāngbiàn	11
方式*	fāngshì	9
放假	fàng jià	1
放松	fàngsōng	7
费用*	fèiyong	10
分歧	fēnqí	12
分摊	fēntān	10
风和日丽	fēnghé-rìlì	11

| 父母 | fùmǔ | 1 |
| 负担 | fùdān | 10 |

G

改	gǎi	12
感觉*	gǎnjué	2
感情*	gǎnqíng	5
感受	gǎnshòu	7
钢琴	gāngqín	6
个子	gèzi	5
根据*	gēnjù	8
根本	gēnběn	7
更	gèng	3
公司*	gōngsī	1
功课	gōngkè	10
古典*	gǔdiǎn	5
古老肉	gǔlǎoròu	3
鼓励*	gǔlì	5
关心	guānxīn	11
管	guǎn	11
广告	guǎnggào	1
国际	guójì	4
过早	guòzǎo	11

H

害怕	hàipà	7
行	háng	12
合唱	héchàng	5
合唱节	héchàngjié	6
合作	hézuò	7
和谐	héxié	10

厚	hòu	11
互相	hùxiāng	3
花费	huāfèi	10
话剧	huàjù	6
环境 *	huánjìng	2
黄瓜	huángguā	9
火	huǒ	5

J

机会	jīhuì	7
积极 *	jījí	5
基本	jīběn	2
急于	jíyú	11
记得	jìde	3
记载	jìzǎi	8
季节	jìjié	9
既	jì	8
加倍	jiābèi	4
渐渐	jiànjiàn	9
将军	jiāngjūn	8
将来	jiānglái	7
讲解员	jiǎngjiěyuán	2
讲座	jiǎngzuò	4
交流 *	jiāoliú	2
交通 *	jiāotōng	11
交响乐 *	jiāoxiǎngyuè	6
叫	jiào	12
接触	jiēchù	3
接着	jiēzhe	2
结交	jiéjiāo	7

结束	jiéshù	8
解释	jiěshì	4
金色	jīnsè	12
尽量 *	jǐnliàng	12
进攻	jìngōng	8
鞠躬	jū gōng	11
举办	jǔbàn	2
俱乐部	jùlèbù	7
距离 *	jùlí	10
聚餐 *	jù cān	9
聚会	jùhuì	9
军法	jūnfǎ	8
军事家	jūnshìjiā	8

K

开（课）	kāi (kè)	3
开设	kāishè	8
开夜车	kāi yèchē	1
科学	kēxué	2
客户	kèhù	1
空儿 *	kòngr	1
口味 *	kǒuwèi	9
快餐店	kuàicāndiàn	4
宽阔	kuānkuò	12

L

浪漫	làngmàn	7
老板 *	lǎobǎn	1
乐观 *	lèguān	6
离	lí	11
离开	líkāi	1

理论	lǐlùn	5
例如 *	lìrú	3
凉拌	liángbàn	9
量	liàng	4
聊	liáo	4
聊天儿 *	liáo tiānr	3
了解	liǎojiě	2
邻居 *	línjū	7
另外	lìngwài	3

M

满意	mǎnyì	1
忙碌	mánglù	6
梦想 *	mèngxiǎng	6
迷 *	mí	5
民族	mínzú	5
摸 *	mō	12

N

耐力	nàilì	7
耐心 *	nàixīn	5
难过	nánguò	8
年轻	niánqīng	9
努力	nǔlì	1

P

拍	pāi	1
排练	páiliàn	6
排球	páiqiú	2
陪伴	péibàn	12
碰	pèng	10
疲劳 *	píláo	12
普遍	pǔbiàn	9
普通 *	pǔtōng	10

Q

妻子 *	qīzi	8
强壮	qiángzhuàng	12
亲戚 *	qīnqi	11
亲切	qīnqiè	5
青菜	qīngcài	9
请客 *	qǐng kè	10
庆祝	qìngzhù	2
取代	qǔdài	9
取决（于）	qǔjué (yú)	12
权力 *	quánlì	8

R

热爱 *	rè'ài	7
热烈	rèliè	2
任命	rènmìng	8

S

散步	sàn bù	12
山顶	shāndǐng	7
商量	shāngliang	10
上（菜）	shàng (cài)	4
烧茄子	shāoqiézi	1
稍微	shāowēi	12
设计 *	shèjì	1
社交	shèjiāo	10
深奥	shēn'ào	5

神秘	shénmì	3		同时*	tóngshí	2
生活	shēnghuó	1		同乡	tóngxiāng	10
声调	shēngdiào	3		突然	tūrán	12
实习	shíxí	10		土豆*	tǔdòu	9
士兵	shìbīng	8		脱	tuō	11
市民	shìmín	7				
适应*	shìyìng	1		**W**		
收获*	shōuhuò	2		外向*	wàixiàng	6
收入	shōurù	10		危险	wēixiǎn	7
受欢迎	shòu huānyíng	1		伟大	wěidà	6
瘦*	shòu	11		卫生	wèishēng	1
蔬菜	shūcài	9		稳	wěn	12
熟悉*	shúxī	2		问候*	wènhòu	11
暑假	shǔjià	3		握手	wò shǒu	11
数量	shùliàng	9				
涮*	shuàn	9		**X**		
说实话	shuō shíhuà	11		西红柿炒鸡蛋	xīhóngshì chǎo jīdàn	3
硕士	shuòshì	6		嘻嘻哈哈	xīxī-hāhā	8
司机	sījī	4		习惯	xíguàn	4
俗语	súyǔ	11		羡慕	xiànmù	7
酸辣汤	suānlàtāng	9		相处	xiāngchǔ	10
				相当*	xiāngdāng	6
T				享受*	xiǎngshòu	5
弹	tán	6		效率	xiàolǜ	4
糖醋鱼	tángcùyú	1		欣赏	xīnshǎng	5
特点*	tèdiǎn	2		新闻	xīnwén	4
特色	tèsè	10		信服	xìnfú	12
体育课	tǐyùkè	2		信心	xìnxīn	7
挑战	tiǎozhàn	7		兴趣	xìngqù	3
听力	tīnglì	4		行为	xíngwéi	10
通常*	tōngcháng	4		休闲	xiūxián	9

词语总表

选修	xuǎnxiū	3
训练	xùnliàn	8

Y

压力	yālì	1
严明	yánmíng	8
严肃*	yánsù	8
研究生	yánjiūshēng	6
阳光	yángguāng	12
要求*	yāoqiú	1
业余*	yèyú	6
夜宵	yèxiāo	9
一般	yìbān	9
异同	yìtóng	4
印象*	yìnxiàng	4
影响	yǐngxiǎng	5
拥抱*	yōngbào	11
优美	yōuměi	7
尤其*	yóuqí	2
游客	yóukè	2
有趣	yǒuqù	3
有神	yǒushén	5
于是	yúshì	3
愉快	yúkuài	7
语伴	yǔbàn	4
语速	yǔsù	6
远亲	yuǎnqīn	11
愿意	yuànyì	12
阅读	yuèdú	4
乐器	yuèqì	5
乐曲	yuèqǔ	5

越来越	yuèláiyuè	1

Z

早茶	zǎochá	9
责任	zérèn	12
增多	zēngduō	10
增加	zēngjiā	9
增长	zēngzhǎng	2
展品	zhǎnpǐn	2
展示	zhǎnshì	8
战败	zhànbài	8
招待	zhāodài	3
照顾	zhàogù	1
照片	zhàopiàn	1
整齐	zhěngqí	10
正式	zhèngshì	6
志愿者	zhìyuànzhě	2
制定*	zhìdìng	8
中等	zhōngděng	5
中国通	Zhōngguótōng	3
种类	zhǒnglèi	9
周围	zhōuwéi	2
主意	zhǔyi	12
住院	zhù yuàn	6
转学	zhuǎn xué	3
追求	zhuīqiú	10
着迷	zháo mí	5
字幕	zìmù	4
总是	zǒngshì	3
作家	zuòjiā	6
作品	zuòpǐn	6

119

专有名词表

	C	
春节	Chūn Jié	1
	D	
德语	Déyǔ	3
	G	
广州美术学院	Guǎngzhōu Měishù Xuéyuàn	1
	K	
《康定情歌》	Kāngdìng Qínggē	5
	L	
拉丁语	Lādīngyǔ	3
	M	
《茉莉花》	Mòlìhuā	5
	S	
《孙子兵法》	Sūn Zǐ Bīngfǎ	8
孙子	Sūn Zǐ	8

博雅国际汉语精品教材
北大版长期进修汉语教材

博雅汉语听说·准中级加速篇 I
听力文本及参考答案

Boya Chinese
Listening and Speaking (Quasi-Intermediate) I
Listening Scripts and Answer Keys

李晓琪 主编
林 欢 编著

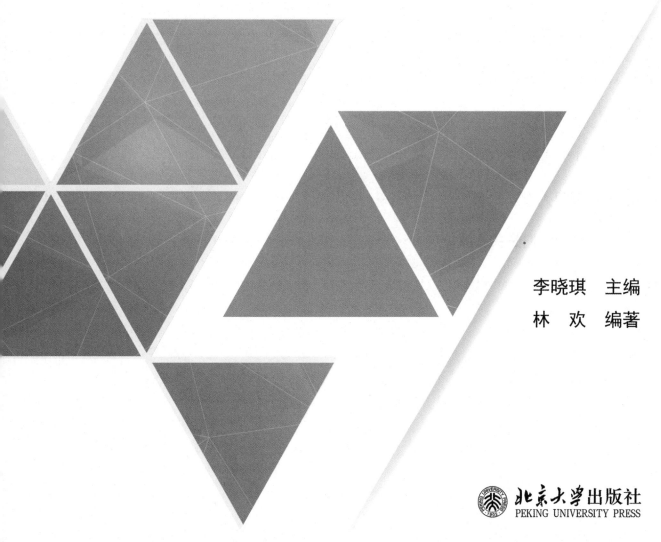

北京大学出版社
PEKING UNIVERSITY PRESS

目录

第 1 课　丽丽是独生女 …………………………………………………………… 1

第 2 课　王红的一天 ……………………………………………………………… 5

第 3 课　我对学中文越来越有兴趣 ……………………………………………… 8

第 4 课　在中国学汉语 …………………………………………………………… 11

第 5 课　我的音乐老师 …………………………………………………………… 14

第 6 课　大岛参加了学校的合唱团 ……………………………………………… 16

第 7 课　小张热爱登山 …………………………………………………………… 18

第 8 课　孙子和《孙子兵法》 …………………………………………………… 20

第 9 课　北方菜和南方菜 ………………………………………………………… 22

第 10 课　中国人喜欢聚餐 ………………………………………………………… 24

第 11 课　原来他们是关心我 ……………………………………………………… 26

第 12 课　散步 ……………………………………………………………………… 28

第1课 丽丽是独生女

词语理解

一、听词语。听第一遍,从图片中选择你听到的词语,并标上序号;听第二遍,跟读

◎ 关于家庭生活的词语

出生　照顾　春节　离开　独生女

1. B　2. E　3. C　4. D　5. A

◎ 关于工作的词语

广告　满意　努力　压力　开夜车　受欢迎

1. D　2. C　3. A　4. B　5. F　6. E

◎ 关于爱好的词语

帮助　放假　拍照片

1. B　2. C　3. A

听说句子

一、听句子,判断对错

1. 丽丽是独生女。　　　　　　　　　　　　　　　　　　　　（对）

2. 王红出生在广州。　　　　　　　　　　　　　　　　　　　（对）

3. 妹妹要离开爸爸妈妈,去北京生活。　　　　　　　　　　　（错）

4. 弟弟说他能自己照顾自己。　　　　　　　　　　　　　　　（错）

5. 阿里的爸爸妈妈担心阿里不适应北京的天气。　　　　　　　（对）

6. 大家都觉得工作压力大。　　　　　　　　　　　　　　　　（错）

7. 他们工作很努力。　　　　　　　　　　　　　　　　　　　（错）

8. 我们公司的要求很高。　　　　　　　　　　　　　　　　　（对）

9. 自己做饭比较卫生。　　　　　　　　　　　　　　　　　　（错）

二、听小对话，选择正确答案

1. A：小王，你喜欢自己的工作吗？
   B：我对自己的工作很满意。　　　　　　　　　　　　　　　　（B）

2. A：丽丽，你一个人在北京，你爸爸妈妈觉得怎么样？
   B：他们还在为我担心。　　　　　　　　　　　　　　　　　　（A）

3. A：阿里，你看起来很累。
   B：因为工作没做完，我昨天开夜车了。　　　　　　　　　　　（B）

4. A：老板，丽丽设计的广告怎么样？
   B：挺受客户欢迎，我也很满意。　　　　　　　　　　　　　　（A）

5. A：小王下个星期放假。
   B：是，他说他想在家里待着。　　　　　　　　　　　　　　　（B）

三、听句子，回答问题

1. 丽丽一个人在北京生活。
   问：丽丽的爸爸妈妈在不在北京？
   （不在北京。）

2. 弟弟什么事都得自己做。
   问：弟弟自己洗衣服吗？
   （弟弟自己洗衣服。）

3. 如果有空儿，小王就给父母打电话。
   问：小王什么时候打电话？
   （有空儿的时候。）

4. 为了设计出好的广告，丽丽有时候很晚才能睡觉。
   问：丽丽为什么有时候很晚才能睡觉？
   （要设计出好的广告。）

5. 丽丽设计的广告越来越好。
   问：丽丽设计的广告怎么样？
   （越来越好。）

6. 爸爸除了做饭，还喜欢拍照片。
   问：爸爸有什么爱好？
   （做饭和拍照片。）

7. 自己做饭不仅好吃，而且卫生。
   问：自己做饭怎么样？
   （不仅好吃，而且卫生。）

8. 因为姐姐是学设计的，所以她拍的照片很漂亮。
   问：姐姐拍的照片怎么样？
   （很漂亮。）

听说短文

短文一　　丽丽在北京找到了工作
1-6

王丽丽是家里的独生女，今年7月大学毕业，在北京找到了工作。8月，她就要离开父母，去北京生活。

丽丽出生在广州，她爸爸是一家公司的老板，妈妈是小学音乐老师。丽丽从出生到大学毕业一直和父母住在一起，还没有一个人生活过。爸爸说："广州也有不少好公司，爸爸的公司就不错，为什么一定要去北京？北京的冬天那么冷，你不一定能适应。"妈妈说："孩子，你爸爸说得对。你一个人住，什么事都得自己做。你能行吗？"丽丽对他们说："爸、妈，我对这份工作很满意。你们别为我担心，我已经23岁了，能自己照顾自己。如果有空儿，我就给你们打电话。"

短文二　　丽丽工作很努力
1-7

丽丽在广州美术学院学的是设计，现在是广告公司的设计师。这是一家很有名的大公司，工作要求高，丽丽觉得压力很大。广告公司的工作很忙，从星期一到星期五，每天早上9点上班，下午6点下班。为了设计出让客户满意的广告，有时候还需要开夜车，很晚才能睡觉。但是丽丽很爱自己的工作，工作特别努力，她的设计越来越受客户欢迎，老板对她的工作也很满意。

短文三　丽丽的爱好很多

　　有空儿的时候，丽丽喜欢自己做饭。她租的房子不大，可是厨房很好。她说，自己做饭不仅好吃，而且卫生，对身体更好。刚来北京的时候，她真的有点儿不适应，常常想家。现在，她来北京已经半年多了，生活和工作都慢慢适应了，也交上了新朋友。她最好的朋友是小明、小兰。放假的时候，他们常常一起做饭。丽丽做的饭越来越好吃。朋友们最爱吃她做的烧茄子和糖醋鱼。春节的时候丽丽上班的公司放7天假，她打算回广州，她要给爸爸妈妈做几个好吃的菜。除了做饭，丽丽还喜欢拍照片。因为她是学设计的，所以她拍的照片很漂亮。她说，拍照片对她的设计工作有帮助。

第2课　王红的一天

词语理解

🎧 一、听词语。听第一遍，从图片中选择你听到的词语，并标上序号；听第二遍，跟读
2-2
　　◎ 关于课外活动的词语
　　　　排球　志愿者　讲解员　博物馆　展品
　　　　1. A　2. E　3. B　4. C　5. D
　　◎ 关于学习的词语
　　　　认真　讨论　上体育课
　　　　1. C　2. B　3. A
　　◎ 关于生活的词语
　　　　蛋糕　蜡烛　面条儿
　　　　1. A　2. C　3. B

听说句子

🎧 一、听句子，判断对错
2-3
　　1. 姐姐有3名同屋。　　　　　　　　　　　　　　　　　　　　　　　（错）
　　2. 同学们了解了大学学习的特点。　　　　　　　　　　　　　　　　（错）
　　3. 大学周围有博物馆。　　　　　　　　　　　　　　　　　　　　　（错）
　　4. 毛毛对大学生活基本适应了。　　　　　　　　　　　　　　　　　（对）
　　5. 丽丽觉得数学课挺有用。　　　　　　　　　　　　　　　　　　　（对）
　　6. 不知不觉，到了下课时间。　　　　　　　　　　　　　　　　　　（错）
　　7. 同学们讨论得很热烈。　　　　　　　　　　　　　　　　　　　　（对）
　　8. 过新年的时候，那家公园游客不少。　　　　　　　　　　　　　　（错）
　　9. 王红在博物馆当志愿者。　　　　　　　　　　　　　　　　　　　（对）
　　10. 展览是哥哥和他的朋友布置的。　　　　　　　　　　　　　　　（错）

二、听小对话，选择正确答案

1. A：丽丽，明天上午你有空吗？一起去博物馆怎么样？
   B：不好意思，我很累，想在家好好儿休息休息。（A）

2. A：王红，你上大学了？
   B：嗯。我喜欢上课，尤其是数学课。（A）

3. A：阿里，老师说学校的排球比赛下星期一开始。
   B：好啊，我也想和中国同学交流交流。（B）

4. A：你看，教室里坐满了人。
   B：是啊，我们来晚了。（A）

5. A：明天晚上我们一起吃一顿饭吧。
   B：好啊，我想吃四川菜。（B）

听说短文

短文一　　王红喜欢上课

今天11月8日，星期二，是王红19岁生日。早上，同屋们对她说，中午要**好好儿**为她庆祝生日。

两个月以前，王红开始了大学生活。现在她对大学的学习特点有了比较清楚的了解，基本适应了大学的生活和学习，对周围环境也熟悉了。王红喜欢上课，尤其是数学课，数学虽然不容易，可是很有用。今天头两节课就是数学课。她7点50分到教室，老师和大部分同学都已经到了。大家听课认真，讨论热烈，不知不觉就到了下课时间。同学们感觉很愉快，同时也很有收获。第三四节是体育课，王红她们和来学校交流的外国学生打了一场排球比赛。大家都觉得这样的交流很有意思。

短文二　　生日午餐

从体育馆出来，王红接到同屋李梅的电话，让她回宿舍。推开宿舍的门，王红看见宿舍里坐满了人，她的3名同屋还有其他几位同学坐在大桌子旁边。桌子上摆着面条儿、水果和一个大蛋糕，蛋糕上插着一根红蜡烛。看见王红进来，大家都站起来大声说:"王红,生日快乐!"接着,她们还一起给王红唱了生日歌。王红高兴极了,她和同学、朋友们开开心心地吃了一顿饭。

短文三　　课外活动
2-7

王红下午没有课。自从上大学以来,她每星期二下午都去学校附近的科学博物馆做志愿者。这家博物馆已经有50年的历史了,里面的展品很丰富,每天都有不少游客来这里参观,其中一部分是本市的中小学生。下个月,博物馆要举办一次特别展览,王红今天去帮助他们翻译展品介绍、布置展品、回答网友提出的问题。特别展览开始以后,她还要去做讲解员。王红很喜欢这样的课外活动,因为这些课外活动不但可以增长科学知识,同时,也有机会为别人服务。今年这个生日,王红觉得过得很有意义。

第 3 课 我对学中文越来越有兴趣

词语理解

3-2

一、听词语。听第一遍，从图片中选择你听到的词语，并标上序号；听第二遍，跟读

◎ 关于中国菜的词语

古老肉　饺子　西红柿炒鸡蛋

1. B　2. A　3. C

◎ 关于学习的词语

画画儿　大夫　画花儿

1. A　2. B　3. C

◎ 关于生活的词语

放暑假　招待客人　聊天儿　看望

1. A　2. D　3. C　4. B

听说句子

一、听句子，判断对错

3-3

1. 丽丽帮妈妈招待客人。　　　　　　　　　　　　　　　　　　　　（对）

2. 阿里常去中国人家做客。　　　　　　　　　　　　　　　　　　　（错）

3. 李大为要转学。　　　　　　　　　　　　　　　　　　　　　　　（对）

4. 哥哥要学另外一种外语。　　　　　　　　　　　　　　　　　　　（对）

5. 下星期一开始放暑假。　　　　　　　　　　　　　　　　　　　　（错）

6. 姐姐常常去看望爷爷奶奶。　　　　　　　　　　　　　　　　　　（对）

7. 王红和同学们总是互相帮助。　　　　　　　　　　　　　　　　　（错）

8. 李大为觉得写汉字挺有趣。　　　　　　　　　　　　　　　　　　（对）

9. 中文的声调很难，可是李大为觉得写汉字更难。　　　　　　　　　（错）

10. 要是听不懂，可以请他们重复一遍。　　　　　　　　　　　　　（对）

11. 中文虽然难学，可是阿里觉得越来越有意思。　　　　　　　　　　　　　（错）
12. 和中国人聊天儿，同学们收获很大。　　　　　　　　　　　　　　　　（错）

听说短文

🎧 短文一　　开始接触汉语并产生一定的兴趣
3-4

　　我的中文名字叫李大为。我的爸爸妈妈都是大夫。上小学的时候，爸爸的一位中国朋友王先生和他的太太常常来我家做客。每年他们都请我们一家人和他们一起庆祝中国新年。有时候，王太太还让我帮忙招待客人。我记得每次他们都准备很多菜。我最爱吃的是古老肉、西红柿炒鸡蛋和饺子。那时候我学会了一些中文，例如"你好""谢谢""再见""好吃""我爱你""没关系""欢迎""好说""没办法""中国通"什么的。我觉得中文挺有趣，也有点儿神秘，但是我还没有想到要在学校学习它。

🎧 短文二　　为什么选修中文
3-5

　　上中学时，我学了一年德语，我觉得德语挺有用，学德语也很有意思。第二年我要转学，到另外一所中学去上学，那所中学不开德语课，可是有汉语课和拉丁语课。放暑假的时候，王先生的爸爸妈妈从中国来了，爸爸妈妈带我去看望他们，中国爷爷和中国奶奶都不会说英文。吃饭的时候，他们总是对我说"多吃点儿，多吃点儿"，我觉得很好玩儿。中国爷爷汉字写得很漂亮，他还教我写了"我""好""人"。我对汉语的兴趣更大了。我想，中国人那么多，会说中文，可以和很多很多人交流，也可以了解中国文化。于是，我决定在新学校选修中文课。

🎧 短文三　　中文课
3-6

　　开始上中文课以后，我才知道学中文不容易。中文的声调很难，写汉字更难。比如，我喜欢画画儿，可是我说出的是"我喜欢画花儿"。我想写"我想当大夫"，可我写的是"我想当大天"。我想写"图书馆"，我写的是"图书饭"。不过，我们的老师教得很好，课堂上，同学们也常常互相帮助。每个月，老师都请一些中国留学生来和我们聊一次天儿。刚开始，我们觉得中国学生说话很快。我们听不懂的时候，就请他们重复一遍、两遍。现在，我们已经慢慢适应了。我们中文说得也越来越好了。和中国人交流，同学们都觉得很有收获。我觉得学中文越来越有意思了。

第4课　在中国学汉语

词语理解

一、听词语。听第一遍，从图片中选择你听到的词语，并标上序号；听第二遍，跟读

4-2

◎ 关于生活的词语

上菜　面包店　司机　快餐店　点菜

1. D　2. B　3. C　4. A　5. E

◎ 关于学习的词语

阅读　语伴　讲座

1. A　2. C　3. B

听说句子

一、听句子，判断对错

4-3

1. 毛毛记得自己来过北京。　（错）
2. 姐姐的专业是国际关系。　（错）
3. 朴大宇这次来北京，有不少新的发现。　（对）
4. 丽丽对新生活还不习惯。　（对）
5. 哥哥是出租车司机。　（对）
6. 王红经常去快餐店吃饭。　（错）
7. 李大为能看懂中国新闻。　（对）
8. 弟弟喜欢阅读。　（对）
9. 阿里昨天听了一个文化讲座。　（错）
10. 同学们下午参观了一所小学。　（错）
11. 那个中国电影有英文字幕。　（错）
12. 王红有一位韩国语伴。　（错）
13. 毛毛觉得自己要加倍努力。　（错）

14. 老师用中文解释生词的意思。　　　　　　　　　　　　　　　　　　（错）
15. 我们上午学的词语，下午就能用，效率很高。　　　　　　　　　　（对）

听说短文

🎧 短文一　　对北京的印象
4-4

　　朴大宇是大学二年级的学生，他的专业是国际关系。今年暑假他到了北京，要在北京大学学习两个月汉语。朴大宇小时候和父母来过北京，那是十多年前的事了。爸爸妈妈带着他去了哪些地方他都忘了，只记得在北京，街上有很多人，很多自行车。这次再来北京，他吃惊地发现，路上的汽车多了，外国快餐店、面包店到处都是。因为天气热，路又不熟，他有时坐出租车。司机师傅常常问他："您是哪儿人啊？""觉得北京怎么样啊？""生活习惯不习惯？"他听懂了，也能和司机聊几句了，他心里真高兴！

🎧 短文二　　学习内容
4-5

　　在北京大学，朴大宇上三门课——汉语会话、新闻汉语和中国文化。他们每天上午都有课；星期二、星期四和星期五下午通常去参观或者听讲座；晚上和语伴互相学习。他们班每两名同学就有一位中国语伴，语伴是大二或者大三的学生。和语伴练习，既可以练习口语，又可以了解中国人的想法。朴大宇觉得自己的汉语阅读和口语进步挺快，不过听力还不行。看电视、看电影的时候，很多字幕他都能读懂，但还有很多地方听不懂，他决定加倍努力学习中文。

🎧 短文三　　在中国学汉语和在本国学汉语的异同
4-6

　　在韩国的时候，朴大宇每星期只有6节汉语课，4节是大课，30名左右的同学一起学习。学习生词和语法的时候，老师常常用韩国语解释，学生们对汉语生词、语法的意思和用法了解得比较清楚，可是练习中文听力的时间不多。另外两节是练习课，一个班只有5名同学，练习的机会多一些了，同学们都很喜欢。不过，朴大宇觉得，在北京学汉语效率更高，上课的时候学到的生词、语法，下课后他马上就能用上。比如

第 4 课　在中国学汉语

昨天上午上课,他们学了"睡得着""吃不了""买不起""看不清楚",中午在饭馆儿点菜,他和两名同学一共点了4个菜、1个汤。服务员告诉他们,他们饭馆儿的菜量比较大,4个菜他们不一定吃得了。朴大宇回答:"我们都很饿,吃得了。请快点儿上菜。"大家都笑了。

第 5 课　我的音乐老师

词语理解

5-2

一、听词语。听第一遍，从图片中选择你听到的词语，并标上序号；听第二遍，跟读
◎ 关于音乐的词语
合唱　音乐迷　吹笛子　乐器
1. A　2. B　3. D　4. C
◎ 关于生活的词语
享受　火　有神
1. A　2. B　3. C

听说句子

5-3

一、听句子，判断对错
1. 他从小就喜欢音乐。　　　　　　　　　　　　　　　　　　　　　　（错）
2. 他积极参加合唱比赛。　　　　　　　　　　　　　　　　　　　　　（对）
3. 这门课我觉得很深奥。　　　　　　　　　　　　　　　　　　　　　（错）
4. 王红说听音乐是一种享受。　　　　　　　　　　　　　　　　　　　（错）
5. 爸爸中等个子。　　　　　　　　　　　　　　　　　　　　　　　　（错）
6. 他们都对学习乐器很感兴趣。　　　　　　　　　　　　　　　　　　（对）
7. 老师教我们欣赏欧洲音乐和民族音乐。　　　　　　　　　　　　　　（错）
8. 老师鼓励同学们问问题。　　　　　　　　　　　　　　　　　　　　（错）
9. 老师回答学生们的问题很耐心。　　　　　　　　　　　　　　　　　（对）
10. 李老师常常亲切地鼓励我们。　　　　　　　　　　　　　　　　　（错）

第5课　我的音乐老师

听说短文

🎧 短文一　　我从小就喜欢唱歌
5-4

我从小就喜欢唱歌。上小学的时候，每年学校举办合唱比赛，我都积极参加。可是，对于音乐，我是既喜欢又觉得深奥。我不懂音乐理论，也说不出多少音乐术语，可是音乐却让我觉得很亲切。

如果说我喜欢唱歌是受了爸爸的影响，那真正让我成为音乐迷的却是我中学的音乐老师。

🎧 短文二　　老师上课教什么
5-5

我们的音乐老师姓李，是一位中等个子的中年男老师。他黑黑的头发，眼睛很有神。上课的时候，李老师教我们怎么欣赏欧洲古典音乐，也让我们了解中国民族音乐、民族乐器。李老师教我们全年级的同学学习吹笛子，很多同学都是第一次接触民族乐器，可是越学越着迷。不少同学每天把笛子带到学校，一有空儿就练习。我知道的民族乐曲，比如《茉莉花》《康定情歌》，大部分都是那时候了解的。

🎧 短文三　　老师讲课的风格
5-6

李老师教音乐课特别有感情。他常常鼓励同学们问问题。同学们的问题，李老师都非常耐心地回答。李老师课讲得很清楚，内容也特别有意思。听李老师讲音乐，真是一种享受，就连以前对音乐理论不感兴趣的同学也越来越爱上音乐课了。从李老师那里，我了解了，音乐是夏天的风，也是冬天的火，让人感觉舒服，也让人觉得生活更美好。

（改编自叶文玲《灵魂的伊甸园》）

第6课　大岛参加了学校的合唱团

词语理解

6-2

一、听词语。听第一遍，从图片中选择你听到的词语，并标上序号；听第二遍，跟读

钢琴　合唱节　话剧　交响乐　住院

1. E　2. D　3. C　4. B　5. A

听说句子

6-3 一、听句子，判断对错

1. 李大为会弹钢琴。　　　　　　　　　　　　　　　　　　　　　　（对）
2. 她想把这本新书翻译成英文。　　　　　　　　　　　　　　　　　（对）
3. 大岛在北京读硕士。　　　　　　　　　　　　　　　　　　　　　（对）
4. 朴大宇希望学习正式的语言。　　　　　　　　　　　　　　　　　（错）
5. 这个电影难懂是因为语速快。　　　　　　　　　　　　　　　　　（错）
6. 毛毛住院了，一个星期上不了课。　　　　　　　　　　　　　　　（对）
7. 朋友请姐姐代替她参加比赛。　　　　　　　　　　　　　　　　　（错）
8. 王红觉得自己的假期生活很充实。　　　　　　　　　　　　　　　（错）
9. 大岛喜欢忙碌的生活。　　　　　　　　　　　　　　　　　　　　（对）
10. 今天晚上合唱团排练，大岛不能去看话剧。　　　　　　　　　　（错）

听说短文

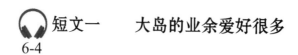

短文一　　大岛的业余爱好很多
6-4

大岛由美来自日本，是中国现代文学专业的硕士研究生。大岛性格外向、乐观、

积极,她的业余爱好相当多。她会弹钢琴,也喜欢看话剧、参观博物馆。她的梦想是翻译中国伟大作家的作品。她正在尝试翻译一篇小说。来中国之后,她已经看了几部中国话剧。她觉得,和电影相比,话剧演员的语速要慢一些,说话声音比较大,发音也更清楚。看话剧还可以了解比较正式的汉语,对她的专业学习和研究更有帮助。

短文二　　一次偶然事件让她进入了合唱团
6-5

　　大岛小时候学过钢琴,也喜欢听歌、听交响乐,但对唱歌不是特别喜欢。上研究生一年级的时候,快过新年了,系里要参加学校的合唱节,可是,比赛前两天,团里的一名同学突然生病住院了。那位同学和大岛是好朋友,知道大岛会弹钢琴,懂音乐,就请大岛代替她。为了帮朋友的忙,大岛答应了。比赛的时候,大家的表现很好,得了第三名。学校合唱团的老师听了大岛的演唱,邀请大岛参加学校合唱团。大岛发现,和大家一起唱歌挺有意思的,就同意了。

短文三　　参加合唱团的得与失
6-6

　　参加合唱团以后,大岛的生活更充实也更忙碌。合唱团每星期排练两个晚上,让她高兴的是,听团长讲课、和团友之间交流用的都是中文。可是,让她想不到的是,他们唱的歌并不都是中文的,还有英文的、德文的、意大利文的和韩文的。记歌词要花上好几个小时。而且,因为排练被安排在晚上,她没有那么多时间去看话剧了。她明白中国人说的"有得必有失"的意思了。

第 7 课 小张热爱登山

词语理解

一、听词语。听第一遍,从图片中选择你听到的词语,并标上序号;听第二遍,跟读

7-2   乒乓球   登山   滑冰   游泳   优美   登山鞋
　　 1. E   2. B   3. C   4. D   5. A   6. F

听说句子

一、听句子,判断对错

7-3
1. 李老师热爱教师这份工作。　　　　　　　　　　　　　　　　　（对）
2. 小张是丽丽的邻居。　　　　　　　　　　　　　　　　　　　　（错）
3. 小王想去,可是一直没有机会。　　　　　　　　　　　　　　　（错）
4. 朴大宇耐力很强。　　　　　　　　　　　　　　　　　　　　　（对）
5. 哥哥想放松放松。　　　　　　　　　　　　　　　　　　　　　（对）
6. 那个地方风景优美,是市民常去的地方。　　　　　　　　　　　（对）
7. 这项工作很有挑战性。　　　　　　　　　　　　　　　　　　　（错）
8. 大家根本没有时间登山。　　　　　　　　　　　　　　　　　　（错）
9. 同事们的合作出了点儿问题。　　　　　　　　　　　　　　　　（错）
10. 大岛是个浪漫的人。　　　　　　　　　　　　　　　　　　　 （错）

听说短文

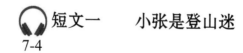
短文一　　小张是登山迷
7-4

我的邻居小张热爱运动,打球、游泳、滑冰样样都会,让人羡慕。不过,他告诉我们,他最大的爱好是登山,是个地地道道的登山迷。一说起登山,他就兴奋得眼睛发亮。小张说，他小时候，家住在山里，不管是去上学，还是去市场，都要走好几里山路，走山路对他来说，就像走平路一样。那时候，小张每天很早就要出发去学校，下午放学后又要饿着肚子走山路回家，根本感受不到登山的快乐。小张真正喜欢上登山，是大学毕业开始工作以后。

🎧 短文二　　小张真正爱上了登山
7-5

上大学以后，小张来到了大城市，登山的机会不多。毕业以后，小张来到了另一座城市。他的工作虽然很好，可是压力很大，非常需要放松。小张说，那座城市的郊区有很多山，市民周末和节假日常常去那里。周末去登山，慢慢成了小张的习惯。他说，登山很累，有时候可能还有点儿危险，可是登山可以锻炼身体，提高耐力。累的时候，还可以停下来欣赏优美的风景。他说，将来如果找到自己喜欢的女孩儿，一定要在山顶上对她说他爱她。他这个人还挺浪漫的。

🎧 短文三　　登山可以增进友谊
7-6

因为登山，小张参加了登山俱乐部，认识了新朋友，结交了不少登山伙伴。有空儿的时候，他也会约上同事、在同一座城市工作的大学和中学同学，一起参加他们登山俱乐部的活动。他们去的往往是有挑战性的地方，跟他一起去的同学、同事刚开始觉得有点儿害怕，没有信心，这时候，小张就鼓励他们。慢慢地，大家也爱上了登山。不仅如此，同事们的关系越来越好，合作起来也更加愉快，工作效率也更高了。

今年过生日的时候，同事、朋友们一起送了他一双登山鞋，他收到的时候十分激动。

第8课　孙子和《孙子兵法》

词语理解

一、听词语。听第一遍，从图片中选择你听到的词语，并标上序号；听第二遍，跟读

8-2　士兵　打仗　训练　进攻　吴王

1. A　2. E　3. C　4. D　5. B

听说句子

一、听句子，判断对错

8-3
1. 他是一位有名的军事家。　　　　　　　　　　　　　　　　　（错）
2. 这件事史书里记载了。　　　　　　　　　　　　　　　　　　（对）
3. 他们要训练一个星期。　　　　　　　　　　　　　　　　　　（错）
4. 将军权力很大。　　　　　　　　　　　　　　　　　　　　　（对）
5. 他提出的策略现在还有影响。　　　　　　　　　　　　　　　（对）
6. 我们打了败仗。　　　　　　　　　　　　　　　　　　　　　（错）
7. 战争结束了。　　　　　　　　　　　　　　　　　　　　　　（对）
8. 下学期要开设两门新课。　　　　　　　　　　　　　　　　　（对）
9. 这几句话企业家们都知道。　　　　　　　　　　　　　　　　（错）
10. 这本书大家都比较熟悉。　　　　　　　　　　　　　　　　 （对）

听说短文

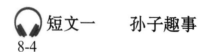
短文一　　孙子趣事
8-4

孙子，名叫孙武（约公元前545年—公元前470年），是春秋时期有名的军事家。

第8课　孙子和《孙子兵法》

他很会带兵打仗，认为军法要严明，统治者要给将军足够的权力。根据《史记》记载，吴王阖闾（Hélǘ）曾经让孙子展示怎样训练军队，训练的对象是宫中的180名美女。孙子把她们分成两队，由吴王的两位妻子当队长。孙武制定了军法以后就开始训练。训练的时候，美女们嘻嘻哈哈，很不严肃，孙子就按军法把两位队长处死了。吴王虽然非常难过，可是也明白了孙子带兵打仗的能力，任命他做了将军。

短文二　《孙子兵法》
8-5

《孙子兵法》共13篇，是关于战争理论的书。孙子觉得战争是国家大事，关系重大，必须仔细考察。他认为，如果能通过其他方法解决问题而不用打仗的话，是最好的。如果必须打仗，要研究军事策略，要在最短的时间内结束战争，要在对方没有准备的时候进攻。孙子指出，要想打胜仗，还必须了解对方。如果既了解对方也了解自己，就不会战败。如果既不了解别人也不了解自己，每场都会打败仗。这就是有名的"攻其无备，出其不意""知彼知己，百战不殆""不知彼，不知己，每战必殆"的军事方法和策略。

短文三　《孙子兵法》和它的影响
8-6

无论是古代还是现代，《孙子兵法》的影响都很大。不但在中国是这样，它被翻译介绍到国外之后，也很受欢迎。不管是网上，还是在国外的书店，都能找到英文版、法文版、日文版或者韩文版的《孙子兵法》。有些国外大学还开设了《孙子兵法》课程。

《孙子兵法》里面所说的方法和策略，除了被用在军事活动中，在商业活动中使用得也比较多，比如"知彼知己，百战不殆"（了解对方也了解自己，就不会战败），"攻其无备，出其不意"（在对方没有准备的时候进攻），已经成为企业家们熟悉的名句。

第9课 北方菜和南方菜

词语理解

一、听词语。听第一遍，从图片中选择你听到的词语，并标上序号；听第二遍，跟读

9-2

土豆　蔬菜　早茶　凉拌西红柿　青菜　酸辣汤　涮羊肉

1. C　2. B　3. A　4. E　5. D　6. F　7. G

听说句子

一、听句子，判断对错

9-3

1. 大家吃饭的口味不一样。　（对）
2. 朴大宇在北京学习，每天都有机会接触中国人。　（错）
3. 上大学以后，王红的生活习惯渐渐变了。　（对）
4. 人们去餐馆儿吃饭的次数增加了。　（错）
5. 小陈晚上做了一个凉拌黄瓜，一个炖豆腐。　（错）
6. 人们越来越喜欢吃绿叶菜。　（错）
7. 休息一下，吃点儿夜宵吧。　（错）
8. 在南方有很多大排档，菜也很好吃。　（对）
9. 小张明天下午有一个聚会。　（错）
10. 聚餐成了一种休闲方式。　（对）

听说短文

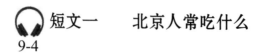

短文一　北京人常吃什么

9-4

　　小陈是广东人，她18岁来北京上大学，大学毕业后留在北京工作，接触的北方菜多了，对北方菜越来越适应，她自己吃饭的口味也有了变化。

第9课　北方菜和南方菜

北京人喜欢吃西红柿、茄子、豆角、黄瓜、白菜、土豆，但是吃绿叶菜不太多。夏天，北京人爱吃凉拌黄瓜、凉拌西红柿、凉面、炸酱面、茄子豆角面。到了冬天，北京人喜欢吃炖菜，比如白菜炖豆腐、牛肉炖土豆什么的。当然，涮羊肉也很受欢迎。现在，北京人不光涮羊肉片，还涮牛肉片、鱼片、蔬菜什么的。可以说，各种各样的肉和菜都可以放进火锅里涮，但羊肉片是无法被取代的。

短文二　北方人不爱喝汤吗
9-5

小陈在家的时候，她妈妈只要有空儿，就给她做各种各样的汤。不同的季节喝的汤也不一样，比如，天气热的时候，冬瓜汤喝起来很舒服。妈妈说多喝汤对身体有好处。她生病的时候，妈妈也会给她炖汤，妈妈说，喝汤可以让她的病快一点儿好。

来北京以后，小陈发现北方人不是每顿饭都喝汤，而且汤的种类不多。人们在家里常做的有西红柿鸡蛋汤、冬瓜丸子汤、酸辣汤，而且不像广东人那样，花好几个小时炖汤。学校食堂卖得最多的也是西红柿鸡蛋汤、黄瓜汤。

短文三　南方人爱喝早茶，爱吃大排档
9-6

刚来北京上学的时候，小陈发现，北方人不怎么吃夜宵，虽说有小吃一条街，但是不像广州那样普遍，广州人半夜了还到街上吃大排档。四年过去了，北京人，特别是年轻人，晚上也喜欢去簋（guǐ）街、后海吃夜宵。在广州，亲戚朋友聚会，常常是约好到酒楼喝早茶，点一壶茶，吃上几样点心，特别舒服。北京人聚餐一般是吃午餐或晚餐，不过，随着在北京的广东餐馆儿数量的增加，周末"喝早茶"渐渐成了北京人，特别是年轻人的一种休闲方式。

第10课　中国人喜欢聚餐

词语理解

一、听词语。听第一遍，从图片中选择你听到的词语，并标上序号；听第二遍，跟读
10-2
聚餐　穿戴整齐　聚会　商量
1. B　2. A　3. D　4. C

听说句子

一、听句子，判断对错
10-3
1. 周六丽丽打算和同事聚聚。　　　　　　　　　　　　　　　　　　　　　　（错）
2. 翻译哪篇小说，大岛想和老师商量商量。　　　　　　　　　　　　　　　　（错）
3. 朴大宇在北京碰上了一位高中同学。　　　　　　　　　　　　　　　　　　（错）
4. 张华已经找到实习单位了。　　　　　　　　　　　　　　　　　　　　　　（错）
5. 小张约同事小李一起爬山，小李答应了。　　　　　　　　　　　　　　　　（对）
6. 老张是学校食堂的厨师。　　　　　　　　　　　　　　　　　　　　　　　（对）
7. 小张的收入还可以。　　　　　　　　　　　　　　　　　　　　　　　　　（对）
8. 刚来到这个地方，小张没什么社交活动。　　　　　　　　　　　　　　　　（错）
9. 丽丽中午常和同事一起去餐馆儿吃饭，费用大家分摊。　　　　　　　　　　（错）
10. 根据调查，最近两年，希望在家里吃年夜饭的人多了起来。　　　　　　　　（对）

听说短文

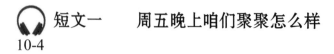

短文一　　周五晚上咱们聚聚怎么样
10-4

张华是大二学生，功课很多，除了上课，还要找实习单位、学开车，所以他每天都感觉时间不够用。星期五晚上是他觉得最该放松的时间。今天就是星期五，昨天，

第 10 课　中国人喜欢聚餐

高中时的班长赵红来电话说，他们高中时的班主任来北京开会，想跟在北京的几位同学见见面，赵红和老师商量好，大家周五晚上在老师住的宾馆附近的四川餐馆儿聚会。张华高兴地答应了。两年没见，他也很想好好儿和大家聚聚。走出宿舍楼的时候，他碰上了穿戴整齐的同学小刘，一问，原来，他是去和同乡聚餐。

短文二　　年轻人喜欢聚餐
10-5

　　过去，中国人收入不高，一般都是自己做饭。对普通老百姓来说，去饭馆儿吃饭花费太高，负担不起。就连结婚请客往往也是把厨师请到家里，为客人们做饭。现在，人们收入增加了，而且社交活动增多，出去吃饭的次数越来越多，年轻人更是这样，同学聚会、同事喜庆等，都会选一家有特色的餐馆儿。一般来说，同事聚餐、同学聚会，费用大家一起分摊，也就是各付各的。根据调查，60%的年轻人认为，聚餐是重要的社交活动之一。

短文三　　聚餐是中国人最重要的社交活动
10-6

　　有调查显示，中国人最为普及的三种社交活动为聚餐、体育运动和唱卡拉OK。其中，聚餐比例为46.4%，其次是体育运动和唱卡拉OK，比例分别是13%和12.12%。聚餐这种社交行为，既可以让人们大饱口福，也拉近了人和人之间的距离。从饮食文化上来说，聚餐体现了中国人对"人和"的追求，希望人跟人之间可以和谐相处。

（改编自网络文章《职场中的聚餐文化》，深圳新闻网）

第11课 原来他们是关心我

词语理解

一、听词语。听第一遍,从图片中选择你听到的词语,并标上序号;听第二遍,跟读

11-2　　打招呼　拥抱　鞠躬　握手

　　　　1. B　2. A　3. C　4. D

听说句子

一、听句子,判断对错

11-3
1. 中国人问候的方式很多。（错）
2. 我问李大为喜欢不喜欢吃饺子,他点了点头。（对）
3. 我们不算很熟,但是见面时会打个招呼。（错）
4. 王红和姐姐每次见面都拥抱。（对）
5. 朴大宇向老师鞠了一躬。（错）
6. 中国的孩子普遍从小学开始学外语。（对）
7. 大岛对中国的俗语很有兴趣。（错）
8. 他们管得太多了。（错）
9. 邻居们都很关心他。（对）
10. 李明的爸爸妈妈对他很照顾。（错）

听说短文

短文一　中国人打招呼时常说"你好"吗

11-4

我叫马克。我第一天学汉语,学的是"你好""您贵姓""谢谢""再见"。来到中国以后,我发现中国人见面互相问候不一定都说话,有时只是点点头,微笑一下，有的是鞠一躬，也有握手的，拥抱的极少，我只在电视上见过。还有不少人说另外一些话，我能听懂的是"你吃了吗"。

我问我的汉语老师，"你好"是不是中国人最普遍的问候方式？老师说，对不熟悉的人或是在时间紧张的时候，人们会用"你好"打招呼，如果遇到熟人，或是没有急事的话，人们会停下来聊两句。

短文二　　我住进了中国人家里
11-5

在中国学习的第一个学期，我住在学生宿舍。后来，我的一位中国朋友李明去国外留学，我就住到了他家。他家有爸爸、妈妈和一个17岁的男孩儿。男孩儿叫王亮，是李明的表弟。我和王亮住在一个房间。我白天去学校，晚饭我一般会回来和中国家人一起吃。李明家离学校不远，交通方便极了。我一般骑自行车去上课，风和日丽的时候也走路，天气不好的话，就坐公共汽车。

短文三　　原来他们是关心我
11-6

刚搬进李明家的时候，我有些不习惯。中国爸爸妈妈对我很照顾，可是我觉得他们管得有点儿多。早上我出门去上课，他们会说："天冷，穿这么少冷不冷？多穿一件衣服吧。" 吃晚饭的时候，李妈妈总说："你这么瘦，得多吃点儿。"说实话，我真的有点儿不高兴。可是后来，邻居、亲戚们来李明家或是我们去别人家串门的时候，我发现，大家经常对年轻人说这些话。渐渐地，我明白了，他们这是关心我。从他们说的话里，我也了解了一些中国俗语，比如"春捂秋冻"（意思是初春时不要急于脱掉厚衣服，初秋时不要过早穿上厚衣服）、"饱吹饿唱"（意思是唱歌要在饿的时候，吹笛子要等吃完饭以后）、"远亲不如近邻"（住得远的亲戚不如邻居关系好）。了解了中国文化的这些特点，我很高兴。

第 12 课 散　步

词语理解

一、听词语。听第一遍,从图片中选择你听到的词语,并标上序号;听第二遍,跟读

12-2　　外套　小路　宽阔　池塘　背　散步　摸

　　　　1. A　2. E　3. F　4. D　5. B　6. C　7. G

听说句子

一、听句子,判断对错

12-3
1. 妈妈本来不想出门。　　　　　　　　　　　　　　　　　　　　　　　（错）
2. 学校前面的路很宽阔。　　　　　　　　　　　　　　　　　　　　　　（对）
3. 我们给爸爸买了一件外套。　　　　　　　　　　　　　　　　　　　　（错）
4. 儿子突然说了一句话。　　　　　　　　　　　　　　　　　　　　　　（对）
5. 我们有分歧。　　　　　　　　　　　　　　　　　　　　　　　　　　（错）
6. 一切都取决于母亲。　　　　　　　　　　　　　　　　　　　　　　　（对）
7. 爸爸背着儿子。　　　　　　　　　　　　　　　　　　　　　　　　　（错）
8. 小张的身体越来越强壮。　　　　　　　　　　　　　　　　　　　　　（对）
9. 爷爷走路走得很稳。　　　　　　　　　　　　　　　　　　　　　　　（错）
10. 看画儿的时候,不要摸。　　　　　　　　　　　　　　　　　　　　　（对）

听说短文

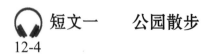

短文一　　公园散步
12-4

　　我们在公园里散步:我、我的母亲、我的妻子和儿子。母亲本来不愿意出门。她老了,身体不好,稍微走远一点儿就觉得很疲劳。我说正因为这样,才应该尽量多出来走走。母亲信服地点点头,便去拿外套。她现在很听我的话,就像我小时候很听她的话一样。天气很好,我和母亲走在前面,我的妻子和儿子走在后面。小家伙突然叫起来:"前面是妈妈和儿子,后面也是妈妈和儿子。"我们都笑了。

🎧 短文二　　走大路还是走小路
12-5

　　后来发生了分歧:母亲要走大路,大路宽阔;我的儿子要走小路,小路有意思。不过一切都取决于我。我的母亲老了,她已习惯听从她强壮的儿子;我的儿子还小,他还习惯听从他高大的父亲;妻子呢,在外面,她总是听我的。我感到自己的责任很大,可是,我想不出让母亲和儿子都高兴的办法。我想过分成两路,可是我不愿意一家人分开。

🎧 短文三　　阳光下的一家人
12-6

　　我决定不听儿子的,因为我和他在一起的日子还长,我陪伴母亲的日子已经很短。我说:"走大路。"但是母亲摸摸孙子的头,改了主意,"还是走小路吧!"她看着前面的小路说:"那里有金色的花儿,两行整齐的树,再往前走,还有一个小小的池塘。我走不过去的地方,你就背着我。"这样,我们在阳光下,向着花儿、树、小池塘走去。走到一个地方,我蹲下来,背起母亲,妻子也蹲下来,背起儿子,我们走得很慢,很稳,很小心。那感觉真美好!

(改编自莫怀戚《散步》)